Grosses colères et petits drames

Sortir des conflits grâce à l'autorité bienveillante

Éditions Eyrolles
61, boulevard Saint-Germain
75240 Paris Cedex 05
www.editions-eyrolles.com

Avec la collaboration d'Anne Jouve

Illustrations originales de Leslie Plée : couverture et personnages du père et de la mère dubitatifs
Illustrations originales de Flora Czternasty [Pomkipik.com]

Mise en pages et maquette : Flora Czternasty [Pomkipik.com]

ISBN : 978-2-212-57224-7

Florence Renaux

Grosses colères et petits drames

Sortir des conflits grâce à l'autorité bienveillante

Éditions
EYROLLES

Sommaire

Introduction

Être parent a beau n'avoir rien d'inné, personne ne nous apprend à le devenir. Chacun fait ce qu'il peut, comme il peut. Et parfois on ne peut plus. Et vous savez pourquoi ? Parce qu'on n'en peut plus ! Beaucoup de parents se posent et me posent ainsi les mêmes questions : « Quand il ne m'écoute pas, qu'est-ce que je dois faire ? Crier ? Imposer ? Le taper ? Le punir ? Céder ? Quand il pleure, qu'est-ce que dois-je lui dire ? "Arrête de pleurer" ? "Pleure si ça te fait du bien" ? Ou "Continue, tu pisseras moins" ? »

Dans mes consultations, nombre de mamans me disent : « Vous savez quel est mon rêve ? Partir toute seule sur une île deserte, voilà ! » Et je leur réponds : « D'après moi, vous ne serez pas seule, parce que beaucoup de mères me disent la même chose. Moi je vous dis qu'il va y en avoir, du monde, sur cette île ! » Les papas me disent qu'ils n'ont parfois plus envie de rentrer chez eux, tellement ça crie dans tous les sens. Et pourtant ils adorent tous leurs enfants.

À force de voir et de recevoir des parents désemparés et des enfants en souffrance, j'ai décidé de prendre ma plume, une plume pour écrire, pour vous écrire. Nous allons dans cet ouvrage explorer ensemble pourquoi votre enfant ne vous écoute pas et ce que les difficultés de votre relation avec votre enfant révèlent de lui, et de vous ! Je vous propose quatre chapitres pour cheminer :

- **1. Il ne fait pas ce que je veux.**
- **2. Il est en colère… et nous aussi !**
- **3. Il nous parle mal.**
- **4. Il n'est pas comme je veux.**

Nous aborderons l'autorité, les disputes, les gros mots, etc. et, grâce aux activités, outils et témoignages proposés, vous verrez, déjà, que vous n'êtes pas seul(e), qu'il est possible d'instaurer une communication saine avec votre enfant et que les difficultés sont une occasion unique de faire grandir tous les membres de la famille.
Je vous souhaite une bonne lecture.

1

Il ne fait pas ce que je veux

Autorité

Cadre

Règles

Sanction

Pardon

Récompenses

Besoins

Respect

Motivation

Opposition

LES TROIS FORMES D'AUTORITÉ

Certains parents pensent que l'autorité est primordiale pour se faire respecter, d'autres se disent que l'on n'a pas besoin d'être autoritaire pour se faire respecter, d'autres encore pensent que plus on est autoritaire et moins on se fera respecter. Alors qui a raison ? En fait, il existe trois formes d'autorité, qui chacune renferme une intention et des conséquences.

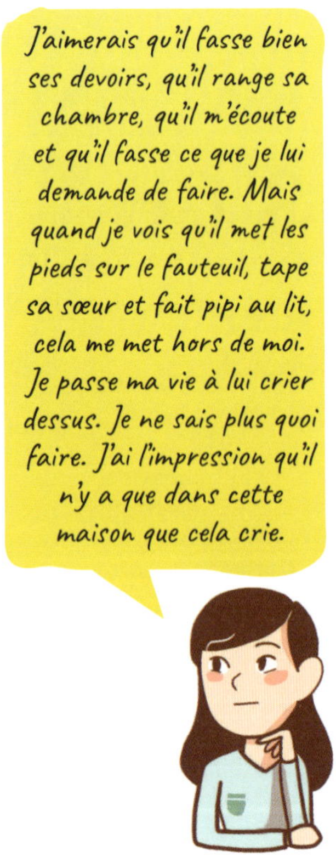

IL N'Y A PAS QUE CHEZ VOUS !

On pourrait croire que dans la maison d'à côté tout se passe dans la joie, la paix et la bonne humeur. Si vous y étiez, vous verriez que ce n'est peut-être pas aussi facile que cela tous les jours. Vous verriez **des parents épuisés et des enfants épuisants**, entre le grand qui ne veut pas faire ses devoirs et le petit qui fait des cauchemars, entre l'un qui tape et qui dit des gros mots et l'autre qui en a plein le dos. Vous entendriez aussi toutes sortes de choses : « Je vais t'en mettre une ! », « Tu la vois celle-là ? », « Tu vas aller vivre chez ton père si tu continues à dire des gros mots », « Non mais tu crois que je ne t'ai pas vu quand tu as mis une gifle à ta sœur ? », etc.

Vous verriez aussi **des parents épuisants et des enfants épuisés :** « Tiens-toi bien à table ! », « T'as assez pris de frites, ça suffit ! », « On ne parle pas la bouche pleine ! », « Tu t'es lavé les mains avant de manger ? ». Pauvres parents ! Ils font tout ce qu'ils peuvent pour bien élever leurs enfants. Quand en consultation je leur demande comment ils vont, la réponse est très souvent la même : « **J'en peux plus… mais sinon tout va bien !** »

L'autorité menaçante

C'est la force menaçante. Le parent qui fait preuve de cette autorité a tendance à utiliser le chantage pernicieux : « Si tu ne manges pas tes haricots verts, tu pars à la cave et je te resservirai la même assiette jusqu'à ce que tu l'aies finie ! » Ce type d'autorité détruit l'enfant, le dévalorise et l'humilie. L'enfant, ne se sentant pas respecté, aura du ressentiment, voire de la haine envers le parent. Un tel comportement parental, s'il est régulier, s'appelle du harcèlement. Le parent qui utilise l'autorité menaçante peut ne pas être conscient qu'il est maltraitant, mais s'il le fait consciemment, alors on peut parler de perversité.

L'intention

Le but est de mettre l'enfant sous l'emprise de la peur, de la terreur, pour le dominer afin d'obtenir de lui ce que l'on veut. Il s'agit ici clairement d'un abus d'autorité, une manière d'imposer de façon tyrannique. L'usage de ce type d'autorité est pernicieux, injuste, excessif et malsain.

Les conséquences

Si vous utilisez régulièrement cette forme d'autorité, il y a de fortes chances pour que votre enfant :

• fasse la même chose sur d'autres enfants : il va à son tour utiliser la menace, le chantage pernicieux pour obtenir ce qu'il veut, parce qu'il ne connaît que cela. N'oubliez pas, comme nous le verrons plus loin, que vous êtes un modèle identificatoire.

• ne puisse s'épanouir de façon saine : il n'aura plus confiance en lui, sa personnalité sera comme écrasée, broyée, parce qu'on l'empêche de dire ce qu'il pense, de faire ce qui est bon pour lui et on le prive de ses besoins.

• coupe la relation avec vous à l'âge adulte pour se protéger et ne plus subir à nouveau de maltraitance.

L'autorité imposée

C'est la force imposée: «Si tu ne manges pas tes haricots verts, tu n'auras pas de dessert.» Si l'enfant est rebelle, il ne les mangera pas, même s'il a envie d'un dessert. Son objectif sera de vous tenir tête. S'il a un côté soumis, il les mangera pour vous faire plaisir mais pas par plaisir. Ce type d'autorité cherche à soumettre l'enfant ou le place dans un rapport de force. La plupart du temps le parent veut simplement que son enfant obéisse: «Tu viens manger tout de suite, un point c'est tout, il n'y a pas à discuter, c'est moi qui commande», et n'estime pas utile d'expliquer les raisons pour lesquelles il est important de le faire. Comme dans le cas de l'autorité menaçante, le parent qui veut imposer son autorité peut utiliser le chantage. Cela ne part pas forcément d'un mauvais sentiment, ce peut être pour lui une façon d'être entendu et de toucher l'émotionnel, un moyen de pression, une prise de pouvoir qui peut être plus ou moins douce: «Si tu ne viens pas manger tout de suite, tu ne regarderas pas la télé ce soir.»

L'intention

L'objectif est d'obliger l'enfant à faire quelque chose sans tenir compte de son avis, de lui. L'enfant doit obéir sans comprendre pourquoi il est important pour lui de faire ce qu'on lui demande de faire. Il doit exécuter un ordre et puis c'est tout.

Les conséquences

Si votre enfant est rebelle, plus vous allez lui imposer, plus il va s'opposer parce qu'il ne se sentira pas respecté. S'il ne se sent pas respecté, on peut s'attendre qu'un jour ou l'autre il ne vous respecte pas à son tour. Vous allez vous épuiser à être dans des rapports de force constants; les crises de colère, de violence verbale, seront de plus en plus fréquentes et incontrôlables. Et attention à l'adolescence, lorsque le fils sera plus grand que le père…

Si votre enfant est soumis, il fera tout ce que vous lui demanderez, il vous respectera, mais il ne se respectera pas *lui*, parce qu'au fond de lui, il n'en a pas envie. Un jour ou l'autre, la plupart du temps à l'adolescence, tout ce qu'il a gardé en lui ressortira, et là vous ne comprendrez pas pourquoi, lui qui ne disait jamais rien, s'oppose d'un seul coup et explose. C'est par exemple le cas de ces enfants adorables à la maison et terribles à l'école ou inversement, sans que personne ne comprenne pourquoi : ils sont partagés entre le fait d'agir *pour faire plaisir* ou *par plaisir* et de vouloir s'opposer parce qu'on leur a imposé.

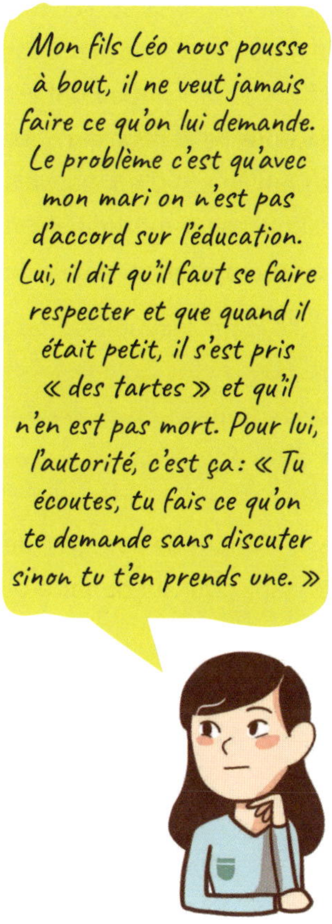

S'ENTENDRE SUR L'AUTORITÉ

Votre mari pense bien faire en étant autoritaire de cette façon-là. Il reproduit ce qu'il connaît et ce qu'il a vécu quand il était enfant. *A priori*, vous n'êtes pas d'accord tous les deux sur la façon dont vous avez envie d'élever votre enfant. La difficulté est bien là. Chaque parent a reçu une éducation souvent très différente. Certains vont vouloir la reproduire, d'autres surtout pas, d'autres vont essayer de composer à leur façon une nouvelle éducation. Alors comment faire quand, en tant que parent, on n'est pas d'accord ? Eh bien on s'accorde. Quand un piano n'est pas accordé, il fait des couacs, des fausses notes… il faut l'accorder. Vous pouvez en parler en dehors de la présence de l'enfant, mais si vraiment vous n'y arrivez pas, alors n'hésitez pas à aller demander conseil à un psy, il vous aidera.

L’autorité bienveillante

C’est la force tranquille: «Dans ton assiette, je t’ai fait une tête de clown. Tu as vu, il a les cheveux verts [haricots verts]? À chaque fois que tu lui en manges un, il fait "Ouille! Ouille! Ouille!» L’autorité bienveillante, c’est cette force qui construit l’enfant, le responsabilise et le fait grandir. Si vous demandez à votre enfant de faire quelque chose avec une attitude bienveillante et respectueuse, il y a de fortes chances pour qu’il le fasse. Le plus important ce n’est pas ce qui est demandé mais la façon dont cela est demandé; c’est la façon de parler à l’enfant qui fait toute la différence. Le parent qui fait preuve d’une autorité bienveillante utilise **le jeu, l’humour, la créativité** pour créer du désir chez l’enfant et susciter l’envie de faire ce qui lui est demandé. Si votre enfant est rebelle, demandez-lui tout simplement le contraire de ce que vous aimeriez qu’il fasse, et il fera ce que vous vouliez qu’il fasse!

Dans l’autorité bienveillante, on explique à l’enfant les raisons pour lesquelles il est important **pour lui** de faire ce qu’on lui demande. Pourquoi voulez-vous qu’il le fasse s’il n’y trouve aucun intérêt personnel? Puis on le cadre dans le temps («Je te le dirai trois fois mais pas plus»), ensuite l’enfant devra assumer son choix et les conséquences de son choix jusqu’au bout.

L’intention

• Éduquer son enfant dans la bienveillance, le respect de soi et de l’autre.

• Amener l’enfant à ce qu’il puisse y trouver un intérêt personnel.

• Aider l’enfant à être responsable de sa part à lui, de ses choix, de ses actes et d’assumer les conséquences de ceux-ci. On ne culpabilise pas un enfant, on le responsabilise.

Les conséquences

Votre enfant sera dans le respect de lui-même et des autres. Et il y a de fortes chances pour qu’il utilise la même stratégie que vous pour obtenir ce qu’il veut: la bienveillance.

LES BESOINS RÉELS DE L'ENFANT

Respect, motivation et intérêt

En tant que parent, il est nécessaire et vital de prendre soin des besoins alimentaires, d'hygiène, de sommeil, de sécurité physique et psychique, de protection et d'amour de votre enfant pour qu'il puisse grandir dans de bonnes conditions. Cependant il est important de ne pas confondre ses besoins avec ses désirs. Il a besoin de manger, cela ne veut pas dire céder à son désir de bonbons; il a besoin d'être habillé, cela ne veut pas dire céder à son désir de porter des habits de marque. Mais quels sont les besoins réels de votre enfant pour qu'il accepte de faire ce que vous lui demandez? De quoi a-t-il besoin pour être pleinement ouvert à vous et vous écouter? De respect, de motivation et d'intérêt.

RESPECTEZ-LE!

C'est important que votre enfant vous respecte, mais c'est tout aussi important que vous le respectiez. Le respect ne doit pas être à sens unique, il doit être mutuel pour que la relation soit saine. Imaginez que vous êtes au travail et que votre patron vous dise: «Vous allez faire ce que je vous demande de faire sinon vous allez en prendre une.» Je pense qu'il ne vous viendrait pas à l'idée d'obéir et que vous auriez plutôt envie de lui dire: «Non mais dites donc, vous allez me parler autrement, oui!» Alors oui, votre enfant vous écoute peut-être, mais par peur. En revanche, il ne se sent sans doute pas respecté et un jour ou l'autre il se pourrait qu'il ne vous respecte pas.

Le respect

Votre enfant a besoin d'être respecté. Si vous lui demandez de faire quelque chose avec bienveillance et politesse, il y a de fortes chances pour qu'il le fasse. Ce n'est donc pas forcément ce que vous lui demandez de faire qui lui pose problème, c'est la façon dont vous le lui demandez. Convenez qu'il y a une grande différence entre : « Mon chéri, est-ce que tu pourrais mettre la table s'il te plaît ? » et « Va mettre la table tout de suite ! », ou bien « Mais tu attends quoi pour mettre la table ? ». Ce sont les mots, le regard, le ton et l'intonation que vous aurez qui feront que votre enfant aura envie ou non de faire les choses. Qu'est-ce que vous préféreriez, que votre conjoint(e) vous dise « Qu'est-ce que tu as fait de bon pour le repas ce soir ? », « Il y a quoi à manger ce soir ? Encore des pâtes ? mais tu ne sais faire que ça ? », ou alors « J'ai faim, t'attends quoi pour faire le repas ? » ?

La motivation

Votre enfant a besoin d'être motivé. Vous croyez qu'il a envie, lui, de mettre la table, de ranger sa chambre, etc. ? Vous avez envie, vous, d'aller tous les jours au travail ? Non ? Eh bien alors pourquoi vous le faites ? Tout simplement parce que vous avez une motivation : votre salaire, la passion de votre métier, le désir d'apprendre des choses nouvelles, de créer, d'inventer, de vous sentir utile, d'aider les autres ou de vous offrir de belles vacances, etc.

Pour votre enfant, trois choses peuvent le motiver : **le plaisir, la reconnaissance et la récompense**. La notion de plaisir passera par le jeu et pour le « je ». À vous d'être dans la créativité. Par exemple, si vous voulez que vos petits viennent à table ou aillent se brosser les dents, vous pouvez dire : « Le premier qui arrive à la cuisine/à la salle de bain a gagné… ». Pour les plus grands, vous pouvez les aider à apprendre les multiplications sous forme de jeu en construisant avec eux des cartes à jouer. Il est important de multiplier les signes de reconnaissance, car valoriser l'enfant dans ce qu'il fait de bien le valorise également dans qui il est. C'est très motivant de recevoir des signes de reconnaissance positifs. Par exemple : « Tu as mis tout ce qu'il fallait sur la table en mettant le couvert. C'est très bien, bravo ! », « Tu as eu de bonnes notes à l'école, tu dois être contente de toi. Je te félicite ».

MOTIVEZ-LE !

Vous savez, ce qui est normal pour les uns ne l'est pas forcément pour les autres. Les enfants ont beaucoup de mal à comprendre que c'est normal de mettre le couvert. Il y a de la résistance, des conflits, des pertes d'énergie pour faire quelque chose qui devrait être normal. Pour eux, c'est au parent de le faire. Si vous les motivez, peu importe que cela soit normal ou non de récompenser votre enfant pour participer aux tâches familiales, l'essentiel est que tout le monde soit content et que tout le monde y trouve un intérêt positif. Si votre enfant y trouve un intérêt mais pas vous, cela ne fonctionnera pas. Certains ont besoin d'être récompensés, d'autres vont le faire de façon naturelle. Si on vous récompense pour quelque chose, vous aurez davantage envie de refaire ce que l'on vous a demandé. Le but étant que, dans le temps, vous n'ayez plus besoin de récompenser l'enfant, car cela deviendra une habitude et quelque chose de normal et d'acquis.

« L'encouragement est à l'enfant ce que l'eau est à la plante. »
Rudolf Dreikurs

Le tableau des objectifs et récompenses

Voici un moyen de motiver votre enfant pour faire ce que vous avez envie qu'il fasse. Vous allez avec lui définir des objectifs et des récompenses si l'objectif est atteint. Vous trouverez une fiche détachable à remplir en fin d'ouvrage.

1. Fixez avec votre enfant les objectifs à atteindre. Par exemple : se laver les dents, faire ses devoirs, mettre le couvert, ranger sa chambre, etc. Déterminer l'ordre de priorité et inscrivez les objectifs dans la colonne du tableau.

2. Faites la liste des récompenses ensemble. Il est important que ces récompenses se situent au niveau du *faire* ou de *l'être*. Par exemple : faire un gâteau avec papa, faire du vélo avec maman, inviter une copine à dormir, etc. Ou bien : être une journée avec mamie, être avec une copine, etc. Si vous récompensez un enfant au niveau de l'avoir, il risque dans le temps de s'éloigner de qui il est, car vous allez lui laisser croire que plus il a de choses, plus c'est cher et plus il a de la valeur. Une fois qu'il aura quelque chose, il voudra autre chose et c'est une histoire sans fin qui ne lui permettra pas d'apprécier ce qu'il a, et il voudra toujours avoir ce qu'il n'a pas.

3. Entourez l'objectif que vous vous êtes fixé et notez-le au crayon à papier, car dans le temps il changera.

4. Chaque jour, cochez la case (ou bien collez une gommette) si l'objectif a été rempli. Votre enfant obtient 1 point.

5. Au bout de 7 points ou gommettes, vous pouvez remettre à votre enfant sa médaille de champion ou championne (disponible en fin d'ouvrage) et il peut choisir sa récompense : faire du VTT avec maman, préparer son gâteau préféré avec papa, etc. Vous pouvez noter sur sa médaille : Champion du couvert ou champion du dodo...

Attention ! Vous ne passerez au deuxième objectif qu'une fois que le premier aura été atteint.

L'intérêt

Votre enfant a besoin de trouver un intérêt à ce que vous lui demandez de faire. S'il fait ce que vous lui demandez de faire par peur, il le fera par obligation mais au fond de lui il se sentira mal. Non seulement il n'aura pas compris les raisons réelles pour lesquelles il est important de faire cela, mais en plus il sera en colère après vous. Il doit y trouver un intérêt. Je vous l'explique au chapitre 2 dans l'encadré « Gégène ».

Respect, motivation et intérêt sont d'autant plus importants qu'ils forment le fameux cadre nécessaire à l'enfant dont tout le monde parle et que nous allons aborder maintenant ensemble.

Le cadre

Un cadre marque la frontière entre le dedans et le dehors, entre ce qui se passe dedans et ce qui se passe dehors. Si vous donnez à un petit enfant un stylo et une feuille blanche, la feuille va représenter un cadre. Cadrer votre enfant, c'est lui apprendre à ne pas dépasser les bords de la feuille blanche pour ne pas écrire sur la table. Reste à poser le bon cadre.

Le cadre et le temps

On cadre un enfant dans le temps et non dans les cris, la menace, le chantage, les punitions ou les fessées. Or les enfants n'ont aucune notion de temps : « dans 5 minutes » peut vouloir dire pour eux « dans 1 heure ». Mieux vaut donc par exemple leur dire : « Tu as le droit de regarder ton dessin animé et dès qu'il est fini, on éteint la télé. » Pour les petits, le minuteur peut également être un outil ludique et utile. Pour les ados soyez clairs : « Tu peux sortir mais tu reviens à telle heure. »

Le cadre absent

Le cadre est absent lorsque l'un des parents est absent (il n'existe pas ou il n'est pas là, que ce soit physiquement ou mentalement) et que l'autre parent démissionne, baisse les bras ou n'a plus la force de mettre des limites. L'enfant est livré à lui-même, il n'a aucun repère du bien et du mal. Sans repères il se perd, que ce soit dans l'espace, en s'appropriant par exemple la chambre de son frère ou de sa sœur, ou dans le temps, lorsqu'il ne tient pas compte de l'heure.

Le cadre qui emprisonne

C'est le cadre qui enferme l'enfant, qui se sent en permanence contrôlé et non guidé. On lui impose tout, on lui interdit tout. C'est pesant, c'est lourd. Les règles sont basées sur l'autorité, la domination ou la menace. L'enfant se sent en insécurité et n'a d'autre désir que de fuir, de partir, de sortir de ce cadre étouffant. Ce type de cadre détruit la personnalité de l'enfant. Un enfant que l'on enferme dans sa chambre pour le punir pourra par exemple devenir claustrophobe dans le temps, ou aura toujours envie de bouger par peur d'être enfermé...

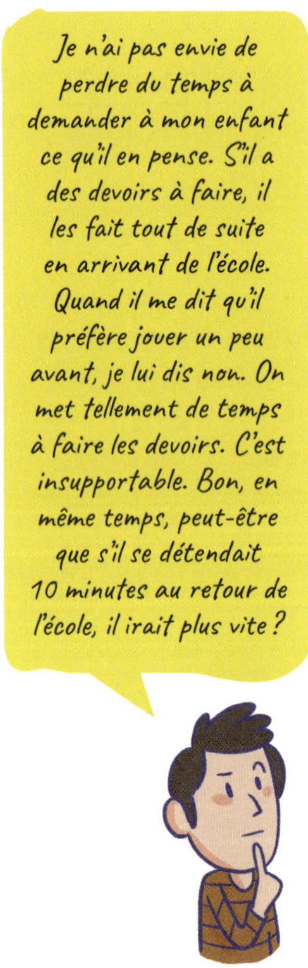

GUIDER PLUTÔT QUE CONTRÔLER

Si vous le laissiez jouer 10 minutes lorsqu'il rentre de l'école, ne pensez-vous pas qu'il terminerait ses devoirs plus vite ? Le but n'est pas de le contrôler mais de le guider. **Guider** un enfant, c'est l'éclairer sur le chemin qu'il peut prendre en tenant compte de ses besoins. On guide un enfant dans l'amour et par amour pour lui, dans la bienveillance et la fermeté. En lui demandant par exemple : « De quoi tu aurais besoin pour faire tes devoirs plus facilement ? » **Contrôler** c'est lorsque vous voulez que votre enfant agisse selon votre notion à vous de bien ou de mal, sans tenir compte de ses besoins à lui. Vous agissez selon vos croyances à vous, vous cherchez à lui imposer ce que vous croyez être bénéfique pour vous dans la même situation : « Bon, tu vas faire tes devoirs tout de suite et tu ne discutes pas. » Quand on veut contrôler, on oublie que l'amour véritable est d'accepter la différence de l'autre. Ce qui est bon pour vous ne l'est pas forcément pour lui.

Le cadre qui libère

C'est le cadre de la liberté surveillée : l'enfant est libre de faire ce qu'il veut à partir du moment où il respecte les règles de vie de la maison. Or on se sent libre dans un cadre quand à l'intérieur on se sent bien. Exemple : « Tu dois faire tes devoirs mais tu préfères les faire avant ou après le goûter ? » On respire et on ressent de la liberté, l'enfant va pouvoir se construire dans un cadre sécurisant. Ce cadre est non seulement positif mais nécessaire parce qu'il est protecteur, rassurant pour votre enfant. Il va l'aider à structurer sa personnalité sur de bonnes bases. Les règles de vie sont claires et saines.

Le point de vue de…

Marie, maman de Louise et Paul (10 et 12 ans)

À la maison, on a instauré des règles. Les enfants s'organisent comme ils veulent à partir du moment où ils viennent manger à 19 h 30 et se couchent à 20 h 30. Ils font leurs devoirs et se douchent à l'heure qu'ils veulent mais la règle c'est 19 h 30 à table, 20 h 30 au lit.

> « L'enfant qui a le plus besoin d'amour
> est souvent celui qui se montre le moins aimable. »
> *Jane Nelsen*

RÈGLES ET SANCTIONS

Pourquoi l'enfant ne respecte pas les règles

Cinq raisons expliquent pourquoi l'enfant ne respecte pas les règles et nous allons les explorer ensemble : l'identification, l'incompréhension, l'opposition, la provocation et la toute-puissance des fausses croyances.

L'identification

Comment voulez-vous que votre enfant respecte les règles si vous, en tant que parents, vous ne les respectez pas. Les parents sont des modèles. Et vous, est-ce que vous êtes un top modèle ? Non ? Eh bien votre enfant non plus puisqu'il fait du copier-coller. Si vous parlez mal à votre enfant, si vous ne le respectez pas, il fera pareil en pensant que c'est normal. Comment voulez-vous que votre enfant comprenne qu'il ne faut pas taper, crier sur sa sœur si vous le faites sur lui ? L'enfant peut s'identifier à l'un des deux parents, mais aussi aux aînés de la famille. Si vous le menacez, il menacera à son tour les plus jeunes de la famille ou les enfants à l'école. Si vous lui tirez les cheveux, il tirera les cheveux aux autres. Si vous lui faites du chantage, il en fera. Vous ne pouvez pas être crédible si vous exigez de votre enfant qu'il se tienne bien à table alors que vous vous curez les dents avec un couteau. Pour lui ce sera normal de faire pareil. Il ne comprendra pas pourquoi c'est dangereux et encore moins pourquoi à la cantine il se fera gronder car il peut se mettre en danger si quelqu'un le bouscule. Si vous marchez pieds nus à la maison, ne lui demandez pas de mettre des chaussons.

L'incompréhension

La plupart du temps l'enfant ne comprend pas pourquoi il est important de respecter les règles de vie, que ce soit à l'école ou à la maison. Lui, ce qu'il sait, c'est qu'il veut faire ce qu'il veut, où il veut, quand il veut et avec qui il veut. Et ce qu'il a compris c'est qu'il suffit de ne pas se faire attraper par l'adulte et c'est bon, il ne sera pas puni : « Pas vu, pas pris » ou « Ni vu ni connu je t'embrouille ». Faites l'expérience et posez à votre enfant ces deux questions : « D'après toi, pourquoi, il ne faut pas taper ? » Il répondra à coup sûr : « Pour ne pas être puni. » « Pourquoi il faut attacher sa ceinture de sécurité lorsqu'on est en voiture ? » Il répondra : « Pour ne pas se faire punir par les gendarmes. » Quand l'enfant devient plus mature, il comprend les raisons réelles pour lesquelles il est important de respecter les règles de vie. Si vous lui demandez « D'après toi, pourquoi, il ne faut pas taper ? », il pourra vous répondre « Pour ne pas faire de mal aux autres », « Parce que je n'aimerais pas qu'on me fasse du mal à moi », ou bien encore « Pour respecter les autres ». Et à « Pourquoi il faut attacher sa ceinture de sécurité lorsqu'on est en voiture ? », il répondra « Pour ne pas se mettre en danger, être blessé et aller à l'hôpital ». Il aura compris que les règles de vie sont nécessaires pour pouvoir vivre ensemble, pour avoir une bonne hygiène, pour sa santé physique, etc.

L'opposition

Si vous imposez à votre enfant des règles, il va s'opposer, surtout s'il est rebelle. Ce n'est pas tant ce qui est dit qui pose problème, mais la façon dont cela est dit. « Range tes chaussures » dit d'un ton sec et froid n'a rien à voir avec « Est-ce que tu pourrais ranger tes chaussures, s'il te plaît ? » S'il ne se sent pas respecté, un jour ou l'autre, il ne vous respectera plus et il ne respectera plus les autres. Il ne voudra surtout pas qu'on lui impose quoi que ce soit, c'est lui qui imposera sa volonté sans s'en rendre compte. Il fera aux autres ce qu'il ne supportait pas qu'on lui fasse.

La provocation

Certains enfants utilisent la provocation pour attirer l'attention. Cela me fait penser à Jules, âgé de 8 ans, qui me disait : « Tu sais, quand je provoque ma sœur et que je la tape, après mon père me crie dessus et viens me taper pour que je comprenne. Moi ce que j'ai compris c'est que c'est quand je fais cela qu'il me regarde. Là, enfin, j'existe à ses yeux ! Parce qu'il travaille tout le temps, il n'est jamais là. » Parfois, l'enfant n'a pas de père, de re-père (comme dirait le psychosociologue Jacques Salomé). Certains pères ou mères ne sont jamais là, l'enfant ne les voit pas ou peu. D'autres peuvent être présents physiquement mais absents mentalement ; ils sont là sans y être. Si le deuxième parent — qui, lui, est plus présent — n'arrive pas à mettre des limites, l'enfant sera no-limites. En poussant l'autre à bout, il cherche à voir où sont ses propres limites et s'il n'en a pas, il est perdu. Mettez-vous des limites et il s'en mettra.

La toute-puissance des fausses croyances

Les enfants ont tous des fausses croyances. Si votre enfant tape, il se peut qu'il se dise que « Le plus fort, c'est celui qui tape ou insulte le plus ». Eh bien non, le plus fort c'est celui qui arrive à éviter une bagarre parce qu'il est bien plus difficile d'éviter une bagarre que de dire des insultes ou de taper. À vous de le lui dire ! Si votre enfant ne respecte pas les règles et vous pousse à bout, il cherche peut-être à se conforter dans le fait qu'il a bien raison de penser ce qu'il pense quand il se dit qu'il ne peut pas être aimé ou qu'il est nul... Et ça encore, c'est une fausse croyance.

Débusquer les fausses croyances

Il est très important que vous compreniez la colère de votre enfant pour débusquer les éventuelles fausses croyances qu'elle dissimule. Par exemple : «Je ne peux pas être aimé(e) », «Je suis nul(le) », «Je ne suis pas gentil(le), «Je n'ai pas de valeur », etc. La prochaine fois qu'il ou elle est énervée(e), posez-lui ces deux questions :

1. Tu es en colère après quoi ? Après qui ?

2. Qu'est-ce que tu te dis sur toi, là, maintenant ?

NE VOUS JUGEZ PAS

Vous ne vous sentez pas mal parce que votre enfant ne fait pas ce que vous aimeriez qu'il fasse, vous vous sentez mal parce que *quand* votre enfant ne fait pas ce que vous aimeriez qu'il fasse, *alors* vous ne savez pas comment réagir. *Idem* si votre enfant dit des gros mots, vous ne vous sentez pas mal parce que votre enfant ne dit pas ce que vous aimeriez qu'il vous dise, vous vous sentez mal parce que *quand* votre enfant ne dit pas ce que vous aimeriez qu'il dise, *alors* vous ne savez pas comment réagir. Peut-être est-ce parce que vous avez peur du jugement d'autrui que vous vous dites des choses négatives sur vous : « Que vont penser les gens ? Que j'éduque mal mon enfant ? » Peu importe ce que pensent les autres, prenez simplement acte que vous vous sentez démuni face à votre enfant. Rassurez-vous, cela ne va pas durer.

Nous avons ainsi tous des fausses croyances : les parents comme les enfants. Les parents croient qu'ils sont en colère à cause des enfants et les enfants croient qu'ils sont en colère à cause des parents. Tout le monde se dit « je suis en colère » :

- quand l'autre ne fait pas ce que *moi* je voudrais qu'il fasse,
- quand l'autre ne dit pas ce que *moi* je voudrais qu'il dise,
- quand l'autre n'est pas comme *moi* je voudrais qu'il soit.

Bref tout le monde se dit : « Si je suis en colère, c'est à cause de l'autre. » Cette fausse croyance est un véritable virus que tout le monde attrape et qui conduit à culpabiliser autrui sans jamais se remettre en question. Or dans toute relation, chacun est responsable de sa part à soi. On ne se sent jamais mal à cause de l'autre.

Le point de vue de...

Jeanne, maman de Robin (10 ans)

Je me suis fait opérer du dos la semaine dernière. Je voyais bien que cette opération avait inquiété mon fils. Son comportement avait changé. Je le sentais triste, il parlait beaucoup moins. Alors je lui ai demandé ce qui n'allait pas et il m'a répondu : « J'ai peur que tu aies mal au dos. » Je lui ai dit : « Et qu'est-ce qui est difficile pour toi quand j'ai mal au dos ? » Il m'a répondu : « J'ai peur qu'il n'y ait plus de joie dans la maison. C'est plus triste et il y a moins d'ambiance. » Alors je lui ai dit : « Tu ne te sens pas mal parce que j'ai mal au dos, tu te sens mal parce que quand j'ai mal au dos, alors il y a moins d'ambiance et de joie dans la maison. Qu'est-ce que tu penses que tu pourrais faire pour qu'il y ait plus de joie ? » Il m'a répondu : « Je vais mettre de la musique et à table, je raconterai des blagues. »

Qui est vraiment en colère ?

GÉGÈNE

Gégène ? Mais c'est qui ? Eh bien c'est la gêne ; celui qui est dérangé par la situation. Vous ne comprenez pas pourquoi votre enfant ne vous écoute pas mais lui ne comprend pas pourquoi vous êtes tout le temps en train de l'embêter. Il joue tranquillement dans sa chambre et vous, vous n'arrêtez pas de lui dire ce qu'il doit faire : « Viens manger », « Va te laver les dents », « Range ta chambre », etc. Il en a marre ! Lui, il veut jouer et vous, vous l'empêchez de jouer. Pourquoi voulez-vous qu'il vienne à table alors que lui, ça va ? Il est tranquille, il joue. Alors Gégène il est où ?

Chez lui ou chez vous ? Chez vous. Parce que lui, ça va. Vous me dites qu'il faut qu'il fasse ce que vous lui demandez de faire, qu'il doit vous écouter.

Si je continue votre raisonnement, cela voudrait dire « *Moi*, ce que je veux, c'est que *toi* tu fasses ce qui est bon pour moi » sinon je me mets en colère.

Autrement dit : « Moi, ce que je veux, c'est que le monde entier fasse ce qui est bon pour moi sinon je me mets en colère. » Or, il n'y a qu'une seule personne qui se sent mal, qui est gênée, c'est vous. Alors pourquoi voulez-vous que les autres (et ici c'est l'enfant) fassent quelque chose pour vous, alors qu'eux, ça va ? Si l'enfant fait ce que vous lui demandez de faire par peur ou pour vous faire plaisir, alors qu'il n'en a pas envie, il ne se respectera pas et ne vous respectera pas. Un jour ou l'autre il vous le fera payer.

Alors comment faire pour respecter les besoins de l'enfant et l'amener à ce qu'il fasse ce qu'on lui demande de faire ? C'est tout simple. Si la gêne est chez vous, c'est vous et uniquement vous qui devez faire quelque chose pour vous. Vous allez apprendre à vous respecter. En tant que parent, vous devez prendre soin de votre enfant. Par exemple, vous devez lui donner un repas matin, midi et soir. Là, vous tenez votre rôle de parent et vous n'avez plus rien à vous reprocher. Vous pouvez aller manger l'esprit tranquille. Vous lâchez la gêne. Libre à lui ensuite de venir manger ou pas. Par contre, s'il ne vient pas, il devra assumer les conséquences de son choix et de ses actes jusqu'au bout. Il devra attendre le prochain repas. Et je peux vous dire que Gégène va se déplacer, car s'il ne vient pas manger, ce sera un problème entre son ventre et lui, mais pas entre vous et lui. Et là Gégène va arriver chez lui. Parce qu'à un moment donné, il aura faim. Et c'est là qu'il fera quelque chose pour lui. Il doit le ressentir dans son corps pour comprendre les raisons pour lesquelles il est important de venir manger à l'heure. « Quand Gégène lâche la gêne, il n'y a plus de gêne. » L'enfant a besoin de vivre des expériences pour les comprendre.

Le point de vue de...

Laura, maman de Lucie (8 ans)

Ma fille mettait trois heures avant d'arriver à table. Je criais tout le temps, je répétais cinquante fois «À table, ça va être froid!» Elle continuait à jouer dans sa chambre... Et vous savez ce qu'elle me disait: «J'en ai marre de toi, tu cries tout le temps. Je ne peux pas jouer tranquillement.» Cette phrase m'a fait un électrochoc! Mais oui, elle avait raison. J'étais tout le temps en train de crier. Elle en avait marre de moi parce que je lui criais tout le temps dessus pour qu'elle fasse ce que moi je voulais qu'elle fasse. Et moi j'en avais marre qu'elle ne m'écoute pas. Alors j'ai eu une idée. Je me suis dit: «Qui est-ce qui crie tout le temps? Qui est gêné dans cette histoire? C'est moi ou c'est elle? C'est moi. Eh bien je vais faire quelque chose pour moi.» Je suis allée la voir et je lui ai dit: «Tu vois ma chérie, à partir de maintenant, j'ai décidé d'arrêter de crier. Ce qui est difficile pour moi c'est que, quand je t'appelle, tu ne viens pas à table et que tu continues de jouer. Après, le repas devient froid, moi j'ai faim et après j'ai besoin de me reposer de ma journée. Tu as entièrement raison, je crie tout le temps. À partir de maintenant, je vais te dire trois fois "À table", mais pas plus. Si tu ne viens pas, ce sera ton choix. Je mangerai avec papa mais après le repas, je rangerai tout et tu devras attendre l'heure du prochain repas. Mon rôle de parent est de te proposer un repas matin, midi et soir. Libre à toi de venir ou non. Après ce sera un problème entre ton ventre et toi, mais pas entre moi et toi. Tu devras juste assumer les conséquences de ton choix.» Elle est venue. Elle s'est respectée.

> « On passe beaucoup pus de temps
> à entretenir un problème qu'à le résoudre. »
> *Jacques Salomé*

ACTIVITÉ

IL EST OÙ GÉGÈNE, IL EST OÙ ?

Voici un questionnaire pour déterminer qui est gêné et comment faire ? le but étant de régler la situation qui vous pose problème.

1. Quelle est la situation qui est difficile pour moi en ce moment, en tant que parent ?

....

....

....

....

2. Qui est le plus gêné, dans cette situation ? Moi ou mon enfant ?

....

....

....

....

Si c'est vous, il est là Gégène ! Passez à la question suivante. Si c'est votre enfant, c'est à lui de faire quelque chose pour lui. Selon que Gégène est chez vous ou chez votre enfant, l'un ou l'autre peut alors brandir le dessin de Gégène, que vous trouverez dans les pages détachables en fin d'ouvrage.

3. Que pourrais-je faire pour moi-même, pour être bien, pour me respecter tout en respectant le désir de mon enfant ?

....

....

....

....

4. Sachant qu'on ne se sent jamais mal à cause de l'autre, on se sent mal parce qu'on ne sait pas comment réagir quand l'autre ne fait pas ce que *moi* je voudrais qu'il fasse, quand l'autre ne dit pas ce que *moi* je voudrais qu'il dise, quand l'autre n'est pas comme moi je voudrais qu'il soit, je décide de :

....

....

pour me respecter, tout en le respectant quand l'autre

....

....

5. Si je fais cela, suis-je prêt(e) à assumer les conséquences de mon choix et de mes actes ?

☐ Oui ☐ Non

Si c'est non, c'est que vous n'êtes pas encore prêt(e). Il y a peut-être des peurs en vous. Si c'est oui, alors vous êtes sur la bonne voie.

Le point de vue de…

Jeanne, maman de Lise (4 ans)

« Eh moi, vous voulez savoir ? Cela fait trois ans que mon mari joue tous les soirs à la tablette quand nous sommes au lit. Les deux premières années, on se faisait des câlins, mais maintenant c'est fini. Il me dit que jouer sur la tablette le détend. J'ai l'impression d'avoir un enfant à côté de moi. Vous savez ce que j'ai fait ? Je lui ai dit : "Eh bien tu vois, chéri, cela fait trois ans que je te crie dessus pour que tu arrêtes de jouer sur la tablette pendant des heures quand on est au lit. À partir de maintenant, j'ai décidé de ne plus crier et de faire quelque chose pour moi. Mon désir, c'est de dormir, alors je vais aller dormir dans la chambre d'à côté." Et vous savez ce qu'il m'a dit ? "Ah non, je ne supporterai pas de dormir tout seul." Il m'a prise dans ses bras et m'a enfin parlé de ses peurs de grandir, de son père malade qui allait bientôt partir, de l'avenir. Il s'est libéré et j'ai retrouvé mon homme.

La gêne s'est déplacée. *Gégène a bougé. J'ai fait quelque chose pour moi : je me suis respectée. Il a fait quelque chose pour lui : il s'est respecté. On a fait quelque chose pour nous : on s'est respecté. Aujourd'hui, j'apprends à ma fille à se respecter. On joue à Gégène. »*

Fixer des règles et des sanctions

Les règles sont indispensables pour assurer la sécurité physique, mentale et émotionnelle de votre enfant et de son entourage. Elles sont nécessaires pour le protéger de lui-même et des autres. Mais l'enfant a besoin de comprendre les raisons réelles pour lesquelles il y a des règles de vie dans une maison. Par exemple : « Si tu joues avec les allumettes, tu peux te brûler, te faire mal et mettre le feu à la maison. On a besoin d'avoir une maison, elle nous protège. » Autre exemple : « Si tu tapes ta sœur, tu vas lui faire mal et on n'a pas le droit de faire du mal aux autres. On n'a pas le droit de te faire du mal à toi non plus. Les règles sont là pour nous protéger tous. »

Ce qui est évident pour vous ne l'est pas pour lui, mais ce qui est évident pour lui ne l'est pas toujours pour vous aussi : pourquoi lui mettez-vous une fessée alors qu'il ne faut pas taper ? Pour être crédible, les règles doivent être **mutuelles**. Il en va de même pour la notion de respect et de politesse entre les uns et les autres : le respect est mutuel et non à sens unique, n'oubliez pas, vous êtes son modèle.

VOS LIMITES À VOUS

Vous savez, les parents qui ne mettent pas de limites à leurs enfants ne connaissent généralement pas les leurs ou ne s'en mettent pas. Peut-être avez-vous peur de ne plus être aimé(e) par votre enfant si vous lui imposez des limites; c'est cette peur qui vous empêche de dire non. Dites-vous que ce qu'il n'aime pas, ce n'est pas vous, mais ce que vous lui dites de faire. Les relations n'en seront que plus saines. Le jour où vous oserez dire non à votre enfant, félicitez-vous et rassurez-vous, il vous aimera quand même. Ou bien peut-être que vous êtes débordé(e), épuisé(e) par la vie, et que vous n'avez plus d'énergie pour poser des limites à votre enfant mais en premier lieu à vous-même. Alors peut-être serait-il bon de vous autoriser à prendre du recul sur votre vie pour voir comment vous pourriez vous organiser afin d'avoir un peu de temps pour vous. Méditer quotidiennement, même 5 minutes trois fois par jour, peut vous aider à lâcher prise.

LE POINT DE VUE DE...

Sylvia, maman de Lola et Jules (10 et 12 ans)

J'en avais marre de râler tous les soirs à répéter la même phrase: « Venez mettre le couvert! » Alors j'ai instauré des règles: les jours pairs c'est Lola qui met le couvert, les jours impairs c'est Jules. Mais que ce soit l'un ou l'autre, c'est pareil, j'entends: « Oui, c'est bon je vais le faire. » Et je leur réponds: « Oui mais quand? À quelle heure? En quelle année? » Et l'heure tourne. Vous savez ce que j'ai fait? J'ai mis mon couvert et j'ai commencé à manger. Ils sont arrivés et si vous aviez vu leur tête! Ils m'ont dit: « Mais tu fais quoi? Tu manges toute seule? Et nous? » Je me félicite parce que depuis ils mettent le couvert tous les jours à la même heure.

BON À SAVOIR

COMMENT SANCTIONNER UN ENFANT

Si votre enfant respecte les règles, vous pouvez utiliser le tableau des récompenses. Et s'il ne les respecte pas ? Il est temps de lui faire découvrir ce que l'on appelle une sanction. Votre enfant a besoin de comprendre quelles sont les conséquences sur lui et sur les membres de la famille s'il ne respecte pas les règles de la maison. La sanction doit être constructive et non destructrice. Ce n'est pas en tapant un enfant, en l'humiliant ou en le menaçant qu'il va comprendre ses erreurs ; il sera simplement blessé. Ce n'est pas en lui faisant écrire cent fois la même phrase – « Je ne taperai plus ma sœur », « Je ne taperai plus ma sœur », etc. – qu'il va comprendre pourquoi il ne faut plus la taper. De même, on ne prive jamais un enfant de manger ou de sport car cela fait partie de ses besoins physiologiques et physiques. L'enfant doit toujours comprendre les raisons pour lesquelles vous devez le sanctionner. Vous pouvez lui dire : « Les règles n'ont pas été respectées et je suis obligé(e) de te sanctionner par rapport à ce que tu as fait ou ce que tu as dit. En tant que parent, je dois te guider pour que tu reçoives une bonne éducation pour ton avenir. »

Le point de vue de...

Aurélie, maman de Loïc (4 ans)

La dernière fois, mon fils m'a fait une crise au supermarché parce qu'il voulait des bonbons. J'étais à la caisse et tout le monde nous regardait. J'étais très gênée. J'avais envie de lui mettre une gifle, je ne vous explique même pas. J'avais envie de lui dire : « Bon maintenant, ça suffit ta comédie », mais je sais qu'il aurait crié encore plus fort. J'ai respiré un bon coup et je lui ai dit calmement : « Oui, je comprends, tu voudrais des bonbons, mais sache que je ne t'en achèterai pas. Tu as le droit de pleurer et je comprends que tu sois déçu. Qu'est-ce que tu aurais eu envie que je t'achète aussi ? » Il s'est arrêté net et m'a dit : « Une voiture, un ballon... » Et je lui ai répondu : « Oui et après ? », etc. Les gens ont rigolé, et moi aussi, j'étais contente de mon idée.

Le devoir maison

Si votre enfant sait écrire, voici une occasion pour lui de faire un devoir sur ses propres devoirs. Il est important de l'aider à faire ce travail sur lui. Munissez-vous de la fiche détachable en fin d'ouvrage et demandez-lui de répondre par écrit aux questions en lien avec le motif de la sanction pour l'amener à une prise de conscience de ses actes. Ce sera ensuite l'occasion d'un échange verbal de qualité entre vous et lui. Ce devoir comporte trois étapes.

1. La non-récompense

Dites à votre enfant que vous auriez bien aimé le récompenser, que vous l'aimez très fort, mais que ce qu'il vient de dire ou faire, vous ne l'acceptez pas.

2. La prise de conscience

Votre enfant va prendre le temps de réfléchir et d'écrire les raisons pour lesquelles il est interdit de faire ce qu'il vient de faire ou de dire ce qu'il vient de dire en 5 lignes minimum.

3. Assumer les conséquences

Votre enfant doit assumer les conséquences de ses actes. Cette dernière étape implique deux actions.

- **La réparation :** elle va permettre à votre enfant de tenter de réparer ses erreurs. Par exemple, s'il a cassé une boule de noël, il devra ramasser les débris et en refaire une, même en papier. S'il a insulté quelqu'un, il devra s'excuser et demander à l'autre qu'il lui rende par écrit les gros mots qu'il lui aura dits pour les déchirer lui-même.

- **Le pardon :** demander pardon peut apaiser tout le monde à partir du moment où il est dit avec le cœur. L'enfant peut reconnaître qu'il est allé un peu trop loin et s'excuse.

ACTIVITÉ

LES RÈGLES DE VIE DE LA MAISON

Vous allez rédiger en famille les règles de la maison. Cela va permettre de clarifier les interdits, de noter les autorisations et les conditions, et de déterminer qui fait quoi dans la maison.

1. Dressez ci-dessous la liste des interdictions. Attention : ces interdictions sont valables pour tous les membres de la famille, parents comme enfants. Par exemple : taper, insulter, crier, mordre, menacer, mal parler, etc.

- ☐ ....
- ☐ ....
- ☐ ....
- ☐ ....
- ☐ ....
- ☐ ....
- ☐ ....

2. Reportez ci-dessous les interdictions et expliquez pour chacune pourquoi il est interdit de...

....

....

....

....

....

....

....

....

3. Faites à présent la liste de ce qui est autorisé et notez les conditions. Par exemple : inviter une copine à la maison à condition de ranger la chambre une fois la copine partie.

- ☐ ....
- ☐ ....
- ☐ ....
- ☐ ....
- ☐ ....
- ☐ ....
- ☐ ....

4. Remplissez la fiche détachable « Les règles de vie » et signez-la tous. Prévenez votre enfant qu'en cas de non-respect d'une règle, il devra remplir le « Devoir maison ».

5. Notez qui fait quoi dans la maison. Cela permettra notamment à vos enfants de se rendre compte de tout ce que vous faites en tant que parent et de l'importance de partager les tâches de la maison pour un équilibre familial.

....

....

....

....

....

....

....

....

6. Discutez entre vous et voyez comment les tâches pourraient être mieux réparties. L'éventuelle nouvelle répartition des tâches sera inscrite dans la fiche détachable « Qui fait quoi ? » que vous signerez à nouveau tous ensemble.

....

....

....

....

....

....

....

....

....

....

....

....

....

....

Fausses croyances

Peurs

Agressivité

2

Il est en colère… et nous aussi !

Disputes

Frustration

Territoire

Place

Mensonges

Temps

COMPRENDRE LA COLÈRE

J'ai horreur d'aller faire les courses avec mes enfants de 4 et 6 ans, ça finit toujours très mal. L'un veut monter dans le chariot, l'autre va dire « Non, c'est moi » et ils commencent à se disputer. Si je leur dis « Bon maintenant vous arrêtez ! », ils se mettent en colère, crient devant tout le monde et après ils courent partout dans les rayons. La dernière fois, ils ont même fait tomber toute une pile de boîtes de petits pois. C'est insupportable ! Ça me donne envie de les étriper !

L'OURAGAN COLÈRE

Quels sont les parents qui aiment faire les courses avec leurs enfants ? Cela finit souvent très mal. Les enfants sont attirés par tout ce qu'il y a autour d'eux. Alors pourquoi ne pas leur demander de vous aider pour attirer leur attention sur la liste des courses : « Tu voudrais bien, s'il te plaît, prendre trois citrons ? » ; « Cette baguette, tu pourrais la mettre dans le chariot, s'il te plaît ? », etc. Si vous ne les occupez pas, eux vont trouver de l'occupation parce que des idées, ils en ont ! Un ouragan risque de se soulever dans le magasin et de vous emporter dans la spirale de la colère : la frustration, puis la colère qui monte et qui risque de partir dans de l'agressivité, en espérant ne pas finir dans l'agression.

Faire le tri dans les émotions

Il est important de distinguer les composantes de la colère et de comprendre la différence entre la frustration, la colère, l'agressivité et l'agression. La **frustration** est une sensation d'insatisfaction qui nous indique que quelque chose ne va pas. Par exemple : « Je suis frustré(e) de ne pas pouvoir faire mes courses tranquillement. » La **colère** est une émotion intense qui exprime un mécontentement à la suite d'un déclencheur, réel ou imaginaire. Elle peut être le résultat d'une accumulation de frustrations – «Je suis en colère quand ils courent partout dans le magasin» – ou être explosive, inattendue. Elle peut se vivre à l'extérieur de soi, être projetée sur autrui telle une bombe qui explose sur les objets, sur les autres, ou se vivre à l'intérieur de soi, telle une bombe qui implose. Et parfois, il y a des bombes à retardement quand on se dit: «Surtout tu ne te mets pas en colère… Surtout tu ne te mets pas en colère…» … et boum ! trop tard. En fait, la colère est une souffrance qui remonte à la surface. Des blessures et des peurs ont été réveillées. Le volcan commence à gronder.

Il est important de distinguer l'agressivité de l'agression. L'**agressivité** est un comportement hostile à l'égard d'une personne manifesté par de la violence verbale, un ton, une intonation, un regard. Une personne agressive a conscience de l'existence de l'autre. L'**agression** est une attaque contre une personne sur le plan physique et psychologique. Le but étant de faire du mal, de détruire l'autre, qui est considéré comme étant le mauvais objet. La personne qui agresse est dans la violence sur autrui. Elle ne prend plus du tout l'autre en considération et agit sans aucune limite. On est dans la sortie du cadre, des règles de vie. Le danger est bien là, car l'autre n'existe plus, le côté humain non plus.

Les trois formes de colère

Il existe trois formes de colère. La **colère sur l'autre** est dirigée sur autrui parce qu'évidemment, quand quelque chose ne va pas, c'est toujours à cause de l'autre ! Alors on l'accuse, on lui parle mal, on l'agresse. La plupart du temps l'autre ne comprend rien de ce qui lui arrive et s'il se défend, ce peut être le début d'une spirale d'agressions à répétition. Par exemple une mère dit à son fils: «Tu es insupportable de courir partout dans le magasin. À cause de toi, maman est fatiguée et tu seras puni.» Et l'enfant de répondre: «J'en ai trop marre, je ne peux jamais faire ce que je veux à cause de toi.»

La **colère en soi** est celle que nous retournons contre nous-même. On se sent coupable, on s'accuse, on s'en veut et on cherche, inconsciemment ou non, à se punir en utilisant des comportements à risques. Une maman se dit «Je suis incapable de me faire respecter quand il court partout dans le magasin, je m'en veux». Elle serre les dents et a, au fond d'elle, envie de se taper pour se punir de ne pas y arriver. Un enfant se dit «Je ne suis pas gentil de fatiguer maman». Il peut, de colère, se rouler par terre et se frapper lui-même.

La **colère d'évitement** nous conduit à chercher à échapper au problème, à faire l'autruche. Nous oublions nos propres besoins en faisant comme si tout allait bien. Mais le corps, lui, sait, «le corset» se serre pour nous rappeler à l'ordre. Comme une maman qui continue de faire ses courses comme si de rien n'était, avec ses enfants qui courent partout dans le magasin, mais qui n'achète que la moitié de sa liste tellement elle est tendue. Ou comme un enfant qui voudrait courir mais ne le fait pas pour éviter un conflit.

Les raisons de sa colère

Autant vous avez l'impression de savoir pourquoi vous êtes en colère quand votre fille tire les cheveux de son frère autant vous ne comprenez pas pourquoi elle se met en colère quand vous la réprimandez. Eh oui, les enfants sont comme vous; ils croient les mêmes choses que vous. Ils pensent que lorsqu'ils sont en colère c'est à cause de l'autre. Et l'autre c'est qui? C'est vous. Mais aussi son frère, sa sœur, etc., les autres quoi! Trois raisons expliquent pourquoi votre enfant est en colère à cause de vous:

• **vous ne faites pas ce qu'il voudrait que vous fassiez**: il aimerait que vous puissiez l'autoriser à faire tout ce qu'il veut, quand il veut, où il veut...

• **vous ne dites pas ce qu'il voudrait que vous disiez**: il aimerait que vous lui disiez qu'il a été un gentil garçon quand il a arraché les cheveux de sa sœur parce qu'elle devait le mériter...

• **vous n'êtes pas comme il voudrait que vous soyez**: il aimerait que vous soyez super cool, que vous le laissiez regarder la télé tous les soirs tard même s'il y a l'école le lendemain...

Votre enfant peut être tellement en colère contre vous que cela provoque parfois en lui une violence incroyable. Il n'arrive plus à se maîtriser tellement vous – l'autre – êtes insupportable. Vous comprenez mieux maintenant pourquoi il y a autant de violence dans les maisons, à l'école, dans la société et dans le monde entier: c'est à cause de l'autre!

Il est tellement important que chacun comprenne les raisons de sa colère, tout simplement pour pouvoir la gérer et la dépasser.

ACTIVITÉ

TU ES EN COLÈRE, OUI, MAIS POURQUOI ?

Voici une liste de questions qui va vous permettre de mieux comprendre la colère de votre enfant. En fonction de l'âge de ce dernier, vous pouvez l'aider à écrire ses réponses.

1. Quelle est la situation qui te met en colère ? Par exemple : « Ma sœur ne veut pas jouer avec moi. »

Je suis en colère quand ....

....

2. Quand tu penses à ça, tu es en colère contre qui ? L'autre ou toi ?

Je suis en colère contre ....

3. Je ne suis pas en colère parce que (écris la réponse 1) ....

.... ,

je suis en colère parce que *quand* (écris la réponse 1) ....

...., alors je me dis que (choisis ta réponse) :

- ☐ Je ne peux jamais faire ce que je veux.
- ☐ Je ne sais pas comment réagir.
- ☐ Je ne sais pas quoi dire.
- ☐ Je ne sais pas quoi faire quand je suis seul(e).
- ☐ Je me sens en danger.
- ☐ Je suis nul(le).
- ☐ Je ne peux pas être aimé(e).
- ☐ Je ne suis pas à la hauteur.
- ☐ Je suis rejeté(e).
- ☐ Pour une autre raison :

....

....

Exemple : Je ne suis pas en colère parce que ma sœur ne veut pas jouer avec moi, je suis en colère parce que *quand* ma sœur ne veut pas jouer avec moi, *alors* je ne sais pas quoi faire et je m'ennuie.

4. Je ne suis pas en colère à cause de l'autre, je suis en colère parce que je me dis que (écris la réponse 3) :

....

....

....

....

....

....

....

....

Exemple : Je ne suis pas en colère à cause de l'autre, je suis en colère parce que je me dis que je ne sais pas quoi faire quand je suis seul.

BRAVO, tu viens de comprendre pourquoi tu étais en colère. Alors ça, c'est top ! Tu gagnes 1 point. Attention, ce n'est pas parce que tu te dis cela que c'est vrai. Eh oui, tu vois, tu crois des choses fausses à la fois sur l'autre et sur toi. Et tu sais comment cela s'appelle ? Des fausses croyances.

ACTIVITÉ

VOUS ÊTES EN COLÈRE, OUI, MAIS POURQUOI ?

À votre tour de déterminer la raison de votre colère.

1. Écrivez ci-dessous la situation qui vous met en colère. Par exemple : « Mes enfants ne m'écoutent pas. »

Je suis en colère quand ....

....

2. Quand vous pensez à ça, vous êtes en colère contre qui ? Vous ou votre enfant ?

Je suis en colère contre ....

3. Je ne suis pas en colère parce que (écrivez la réponse 1) ....

.... ,

je suis en colère parce que *quand* (écrivez la réponse 1) ....

...., alors je me dis que (choisissez votre réponse) :

☐ Je ne suis pas un bon parent.

☐ Je ne peux pas me faire respecter.

☐ Je suis trop laxiste.

☐ Je ne sais pas comment réagir.

☐ Je ne sais pas quoi dire.

☐ Je suis impuissant(e).

☐ Je ne peux pas être aimé(e).

☐ Je ne suis pas à la hauteur.

☐ Je ne suis pas à la hauteur.

☐ Pour une autre raison :

....

....

Exemple : Je ne suis pas en colère parce que mes enfants ne m'écoutent pas, je suis en colère parce que *quand* mes enfants ne m'écoutent pas, *alors* je me dis que je ne suis pas un bon parent.

4. Je ne suis pas en colère à cause de l'autre, je suis en colère parce que je me dis que (écrivez la réponse 3) :

....

....

....

....

....

....

Exemple : Je ne suis pas en colère à cause de mes enfants, je suis en colère parce que je me dis que je ne suis pas un bon parent.

Bravo, vous venez de comprendre pourquoi vous êtes en colère. Attention, ce n'est pas parce que vous vous dites cela que c'est vrai. Vous savez pourquoi ? Parce que vous n'êtes pas ce que vous vous dites. Eh oui, vous voyez, vous croyez des choses fausses à la fois sur votre enfant et sur vous. Ce sont encore les fausses croyances.

BON À SAVOIR

FAUSSES CROYANCES ET EGO

Nos fausses croyances sont ancrées dans notre centre émotionnel. Avez-vous remarqué que ce sont toujours les mêmes situations que vous ne supportez pas qui se reproduisent ? Que ce sont toujours le même genre de personnes que vous ne supportez pas qui arrivent dans votre vie ? Vous savez pourquoi ? Parce qu'on attire à soi comme un aimant les gens et les situations qui nous permettent de valider que l'on a bien raison de penser ce que l'on pense quand on se dit ce que l'on se dit. Si vous vous dites par exemple « Je ne peux pas être aimé(e) », quel avantage avez-vous à vous dire cela ? Peut-être celui de vous dire que si vous vous positionnez en victime on s'occupera de vous. Mais alors vous vous dites « Si on s'occupe de moi, je vais saboter la relation. » On tourne en rond. Certaines mamans me disent « Mais moi mon fils, je l'aime et lui il dit que je ne l'aime pas. » En fait l'enfant confond ce que sa mère fait ou dit avec qui elle est. De la même manière si vous vous dites toujours « Je ne suis pas capable », « Je suis nul(le) », etc., et que à un moment donné vous n'arrivez pas à faire quelque chose, vous risquez à chaque fois de vous le dire avant même d'avoir commencé ce quelque chose. Lorsque nous nous disons des choses négatives et fausses sur nous-même, c'est notre ego qui parle. Et l'ego nous éloigne de notre être. Ce n'est pas parce que vous n'êtes pas arrivé(e) à faire quelque chose que vous êtes nul(le). Vous avez juste vécu une expérience et le but est d'en comprendre le sens. Car tant que l'on n'a pas compris le sens, la situation se reproduira. L'ego nourrit vos fausses croyances et vous éloigne de qui vous êtes. Vous comprenez bien que si vous ne voulez pas vous attirer des ennuis, des soucis et des « boulets », vous avez plutôt intérêt à faire un travail sur vous pour déverrouiller ces fausses croyances et les remplacer par des croyances positives.

Jouer avec les fausses croyances

Amusez-vous avec votre enfant à trouver ses fausses croyances et à les remplacer par des croyances positives. Par exemple :

- **« Je ne suis pas à la hauteur » :** « Je peux être à la hauteur ».
- **« Je suis méchant(e) » :** « Je suis quelqu'un de bien, de gentil ».
- **« Je ne peux pas être aimé(e) » :** « Je peux être aimé(e) », etc.

JEU

LE JEU DES TEE-SHIRTS

Voici un jeu que vous pouvez organiser avec vos enfants s'ils ont au minimum 6 ans. Il vous permettra de dédramatiser les fausses croyances et pourquoi pas de vous en débarrasser.

Pour faire ce jeu, adultes et enfants devront d'abord avoir répondu aux questionnaires «Vous êtes en colère, oui, mais pourquoi ?» et «Tu es en colère, oui, mais pourquoi ?». Ensuite, voici le matériel dont vous aurez besoin :

- ☐ 2 vieux tee-shirts unis par personne (que vous ne remettrez plus) ;
- ☐ 1 stylo par personne, qui puisse écrire sur du textile ;
- ☐ 1 minuteur ;
- ☐ 1 sac-poubelle.

Première manche

1. Munissez-vous chacun de tee-shirts et d'un stylo et isolez-vous dans une pièce.

2. Écrivez sur le tee-shirt la réponse 4 de votre questionnaire «Vous êtes en colère, oui, mais pourquoi ?» et «Tu es en colère, oui, mais pourquoi ?».

3. Enfilez le tee-shirt et rejoignez les autres dans une pièce commune.

4. Placez le sac-poubelle au centre.

5. Lancez le minuteur pour 5 minutes et marchez tous dans la pièce en vous observant.

6. Quand la sonnerie retentit, enlevez tous votre tee-shirt, jetez-le dans le sac-poubelle le plus vite possible et courez préparer votre deuxième tee-shirt.

Deuxième manche

1. Sur le second tee-shirt, écrivez le contraire de ce que vous aviez écrit sur le premier.

2. Enfilez le tee-shirt et rejoignez les autres dans la pièce commune.

3. Lancez à nouveau le minuteur pour 5 minutes et marchez en vous observant.

4. Quand la sonnerie retentit, asseyez-vous en cercle par terre. Gardez tous votre nouveau tee-shirt et échangez sur ce que vous avez vécu. Et pourquoi pas le remettre tous les soirs au moment du repas pendant deux semaines, dans le but d'ancrer les nouvelles croyances.

Ce jeu va permettre à chacun de comprendre que l'on ne se sent pas mal par rapport à la réalité mais en fonction de ce que l'on se dit sur soi. En mettant en lumière les fausses croyances de chacun, vous comprendrez mieux ce que chacun vit en lui : le but étant de se sentir moins seul, de pouvoir en parler et de dédramatiser. En transformant ces fausses croyances en croyances positives, la vision sur soi et sur les autres changera. Ce sera l'occasion d'ouvrir son cœur, de voir l'autre et de se voir autrement.

PEUR ET DÉSIR

Peurs et blessures

Derrière la colère, il y a toujours une peur pour soi. Le petit Alex, 8 ans, s'est un jour confié à moi :

– Je mens à maman pour ne pas me faire gronder. Je vais te le dire à toi. Je fais caca par terre parce que je suis en colère. Je le fais exprès. Na ! Depuis que maman attend un bébé, elle veut que je sois grand et moi je n'ai pas envie. Elle me force à rester sur les WC et me donne des « bouffes » pour que je fasse caca.

Effectivement, comment voulez-vous être décontracté(e) dans les WC avec un énorme monstre au-dessus de vous qui vous met « des bouffes » si vous n'arrivez pas à faire... Je lui dis :

– Tu sais, Alex, derrière la colère, il y a toujours une peur pour soi. Tu as peur de quoi ?

– J'ai peur d'être grand. Je veux *rapeutir*. Je me dis que si je suis propre, elle ne s'occupera plus de moi.

Plus l'enfant est petit et plus il a du mal à expliquer ce qui lui fait peur. La seule chose qu'il sait c'est qu'il ressent de la peur, de l'insécurité. Plus il est grand et plus il peut dire ce qui lui fait peur, mais quand un enfant est en colère, il n'a pas conscience qu'au fond de lui se cache une peur. C'est là que vous pouvez l'aider par le biais de l'activité « Tu es en colère, oui, mais pourquoi ? ».

Le désir inavoué

Derrière la peur que l'on a pour soi, il y a toujours un désir caché en soi. À vous de trouver le désir qui se cache derrière les peurs de votre enfant. Pour le trouver ce n'est pas compliqué, son désir est le contraire de sa peur. Par exemple s'il a peur que vous ne vous occupiez plus de lui, son désir est que vous vous occupiez de lui. Demandez-lui donc de quoi il aurait besoin pour se sentir rassuré.

BON À SAVOIR

LA RÉGRESSION

Un enfant qui régresse est un enfant qui veut « rapeutir », comme me disent certains. Il a peur de grandir parce qu'il ressent un danger. Dans la régression, certains font leurs besoins ailleurs qu'aux toilettes (pipi au lit, caca dans la culotte...). Ils ne veulent pas grandir, comme s'ils voulaient empêcher un arbre de pousser. Vous pouvez les rassurer en leur disant que vous avez compris leur peur. Demandez-leur de quoi ils auraient besoin pour se sentir en sécurité ou rassuré. La plupart du temps, c'est de programmer ensemble et par écrit des moments partagés sans le petit frère ou la petite sœur.

Mon fils a 6 ans et il fait encore caca dans sa culotte. Je n'en peux plus de laver ses slips ! Cela me met dans une colère, vous ne pouvez même pas imaginer. Un jour il a fait caca par terre juste à côté des WC. Et en plus il a eu le culot de me dire « C'est pas moi ! ». Et là, je lui ai dit : « Arrête ou je vais t'en mettre une. Qui veux-tu que ce soit ? Il n'y a que toi et moi dans cette maison ! » Mais pourquoi il ment ?

LE MENSONGE

Si votre enfant vous ment, c'est qu'il n'arrive pas à dire, à *vous* dire, les choses parce qu'il a peur. Peur d'être jugé, grondé, humilié. N'essayez pas de lui prouver qu'il ment, il le sait déjà et vous le savez, vous aussi. Aidez-le plutôt à se libérer du poids du mensonge, des choses cachées, non dites. Et dites-lui bien que ses mensonges et lui sont deux choses différentes. Vous pouvez le symboliser en prenant un nounours qui va le représenter lui, et d'autres objets que vous pouvez placer à côté de l'ours et qui vont représenter les mensonges. Pensez à lui dire : « Toi je t'aime, mais les mensonges non. Je ne les supporte pas. » Il existe une phrase qui est parlante : « Les mensonges arrivent par l'ascenseur, la vérité toujours par les escaliers ! », ce qui veut dire que d'abord l'enfant ment, mais dans le temps la vérité arrive. Tôt ou tard, tout se sait.

ACTIVITÉ

DE QUOI TU AS PEUR, QU'EST-CE QUE TU DÉSIRES ?

Grâce aux questions qui suivent, vous allez aider votre enfant à exprimer ses peurs et ses désirs.

1. Écris la situation qui te met en colère. Exemple : « Quand maman s'occupe plus de ma sœur que de moi. »

....

....

2. Quand tu penses à cette situation, tu as peur de quoi pour toi ? Exemple : « Quand maman s'occupe de ma sœur j'ai peur qu'elle ne m'aime plus. »

....

....

3. Derrière chaque peur, il y a toujours un désir. Quel est ton désir (c'est facile, c'est le contraire de ta peur) ? Exemple : « Mon désir c'est d'être aimé ou d'être avec maman. »

Mon désir c'est d'être : ....

....

4. Pour être (écris la réponse 3) ....

j'aurais besoin de ....

Par exemple : « Pour être aimé, j'aurais besoin d'arrêter de taper ma sœur et d'aider maman » ; « Pour être avec maman, j'aurais besoin de lui demander si elle peut m'apprendre à faire un gâteau au chocolat ».

Le point de vue de…

Victor, 10 ans

Je mettais le feu tous les jours. Même moi, je ne savais pas pourquoi je mettais le feu. C'était plus fort que moi. Maintenant, j'ai compris pourquoi. Je mettais le feu quand ma sœur m'énervait. Je me disais que c'était la préférée et je me vengeais en mettant le feu. C'est comme si je voulais brûler ma sœur et que je recherchais en même temps la chaleur de maman. Mais après je me disais que j'étais un danger public, que je méritais de mourir et d'aller en enfer. J'avais très peur. J'ai compris que ce n'était pas à cause de ma sœur que j'étais en colère. C'est parce que je voulais tout simplement être plus souvent seul avec maman pour être aimé. C'était cela mon vrai désir.

Exprimer la colère

Pour aider votre enfant à extérioriser sa colère, vous pouvez lui proposer les activités suivantes.

- **Le dessin :** demandez-lui de dessiner sa colère puis déchirez la feuille et jetez-la à la poubelle. Sinon, rendez-vous dans les pages détachables en fin d'ouvrage et proposez à votre enfant de montrer son degré de colère en choisissant l'un des cinq visages disponibles.

- **Le punching-ball :** donnez-lui un punching-ball ou un gros coussin en lui disant que c'est la seule chose sur laquelle il a le droit de taper, mais pas sur les adultes, les enfants, les animaux ni même les plantes.

- **Le sport :** faites-lui faire du sport pour qu'il se défoule, et dites-lui que dans ce domaine la colère qu'il ressent pourra lui permettre de devenir champion(ne).

- **La méditation et le yoga pour enfants :** dites-lui que la méditation ou le yoga lui permettront de mettre de la paix dans son corps. Il existe des vidéos de méditation/yoga pour enfants facilement consultables sur Internet.

INSPIRATION

À vous de remplir ce poème avec l'aide de votre enfant. Demandez-lui qu'il vous donne un exemple et notez-le sur les pointillés. C'est une façon douce de prendre conscience de ce qui se cache derrière la colère et de pouvoir en parler en toute bienveillance.

Un enfant peut ressentir de la colère :

Lorsqu'il n'a pas ce qu'il veut : ....

....

Ou lorsqu'il a ce qu'il ne veut pas : ....

Lorsqu'on ne fait pas ce qu'il veut : ....

Ou lorsqu'on fait ce qu'il ne veut pas : ....

Parfois même, c'est lorsqu'on ne dit pas ce qu'il voudrait entendre : ....

Ou lorsqu'on dit ce qu'il ne voudrait pas entendre : ....

Mais la plupart du temps, il souffre de ne pas se sentir respecté

Dans ce qu'il dit, dans ce qu'il fait, dans qui il est.

Alors il crie, il somatise, il a des maladies : ....

Son corps devient son ami

Lui, il est toujours là, avec lui

C'est son meilleur ami

Quand votre enfant ne se sent pas compris, aimé

Il peut crier, s'énerver, vous menacer : ....

Ou bien vous faire du chantage : ....

Peu importe à quel âge.

Parfois même, il en vient à taper, vous taper,

À se taper et à ne plus pouvoir s'arrêter : ....

Sachez que derrière chaque colère, votre enfant a une peur : ....

Sachez que sa colère est toujours à la hauteur de sa peur.

Certains enfants peuvent vivre leur colère de l'intérieur.

Ils ne disent rien, ne montrent rien. Ils pensent « non » mais ils disent « oui » : ....

....

Par peur du conflit, par peur d'entendre à nouveau des cris.

L'enfant cache sa douleur, il cache sa peur. Peur de ne plus être aimé.

Il cache sa tristesse, il cache ses pleurs. Peur d'être rejeté, abandonné.

Il voudrait être parfait, pour que vous l'aimiez.

Il voudrait savoir tout faire, pour vous plaire : ....

Il voudrait être l'enfant rêvé,

Celui que vous attendiez.

Certains enfants vivent leur colère à l'extérieur

C'est alors que l'enfant crie. Il est hors de lui

Il n'est plus en lui, il est à l'extérieur de lui : ....

Au fond de lui, il a peur et veut protéger son intérieur : ....

Il peut vous agresser, s'agresser,

Parce qu'il se sent menacé,

Parce qu'il se sent en danger.

La colère de votre enfant est à la hauteur de sa peur,

Et sa peur est de ne pas être à la hauteur.

Il veut faire peur, parce qu'il a peur : ....

N'oubliez jamais que, derrière chaque colère,

Il y a toujours une peur pour soi,

Et une tristesse en soi.

Regardez votre enfant et voyez sa peur.

Serrez-le dans vos bras et dites-lui

Que vous avez tous les deux le même désir,

Celui de vous aimer

Et de vous sentir aimé.

ÉVITER LES DISPUTES DANS LES FRATRIES

Avez-vous remarqué ceci : quand vous faites un jeu de société avec les enfants, au début tout le monde est content, à la fin cela finit souvent mal. Et vous savez pourquoi ? Pour deux raisons. D'abord parce qu'ils veulent la même chose : gagner. Ils veulent être les meilleurs à vos yeux pour vous montrer qu'ils ont de la valeur. Ensuite parce que les enfants n'ont pas envie que ce jeu finisse : ils ne savent pas quand ils pourront à nouveau compter sur vous une prochaine fois pour jouer. Ils ne veulent pas que ce jeu s'arrête. Vous êtes ainsi, sans le savoir la plupart du temps, l'enjeu de leurs disputes. De manière générale, pour éviter les disputes à la maison, il est important de retenir cinq notions :

- la notion de respect et de politesse ;
- la notion de territoire ;
- la notion d'appartenance ;
- la notion de temps ;
- la notion de place.

L'ENNUI

Voici ce que m'a dit un jour un enfant : « Moi, ma sœur, je la tape quand je m'ennuie ! » Eh oui, certains enfants se disputent parce qu'ils s'ennuient. Leur jeu est d'embêter l'autre, de le provoquer pour s'occuper et se sentir exister. Ils projettent sur l'autre la colère qu'ils ont en eux de ne pas savoir quoi faire et/ou de se sentir seul. Car le problème est bien là : « Je suis mal quand je ne sais pas quoi faire avec moi-même. En fait, c'est parce que je me sens seul. » Votre enfant doit comprendre que l'autre n'est pas là pour combler son manque à lui. Voilà le nouveau jeu : MOI ce que je veux, c'est que TOI tu joues avec moi sinon je vais te le faire payer. Je vais te taper.

Le point de vue de...

Sylvie, maman de Benoît et Lise (5 et 8 ans)

Avant je criais tout le temps après mes enfants. Je me disais que c'était à cause d'eux si j'étais fatiguée. En fait, j'ai compris que ce n'était pas à cause d'eux que j'étais fatiguée mais parce que j'étais débordée, entre le travail, les courses, les repas et mon mari qui n'est jamais là. Je n'avais pas de temps pour récupérer. Les autres mamans avec qui j'en ai parlé vivaient la même chose. Elles ressentaient la même chose et on a décidé de créer les mamans relais : tous les vendredis soir, c'est une maman qui garde tous les enfants et les autres sont libres de prendre soin d'elles. Certaines vont au cinéma, d'autres au resto avec leur mari, d'autres se reposent chez elles. C'est tellement mieux.

Trouver l'origine du conflit

Si vous grondez ou punissez un enfant sans savoir ce qui a été à l'origine du conflit vous passez à côté de l'essentiel. Mais comment connaître l'origine du conflit ?

1. Posez à l'enfant les bonnes questions : tu es en colère, oui, mais pourquoi ? (Voir l'activité p. 43.)

2. Écoutez-le sans le juger pour qu'il puisse se confier sur ce qui a été difficile pour lui et qui l'a mis dans un tel état. S'il ne se sent pas entendu dans ce qu'il vit, et que vous le grondez sans savoir pourquoi, il recommencera et agira derrière votre dos. Il mentira par peur d'être jugé mais le refera, encore et encore jusqu'à ce qu'il se sente entendu et compris.

3. S'il n'ose pas vous le dire, proposez-lui de l'écrire (et puis vous respirez un bon coup avant de le lire !).

Le respect et la politesse

Le respect et la politesse sont des clés qui permettent d'ouvrir les portes d'une relation saine de cœur à cœur. La relation à l'autre n'en est que meilleure. La première langue que l'on devrait apprendre aux enfants est la langue universelle de la politesse et du respect. Prenez le temps d'écouter la façon dont chacun parle autour de vous. Vous allez être surpris(e). Beaucoup ne connaissent que l'impératif : « Mets tes mains sur la table », « Ne parle pas la bouche pleine », « Donne-moi ça », « Va faire tes devoirs », etc. Le « s'il te plaît », ce mot magique, si agréable à entendre et qui ouvre les portes tel un « sésame ouvre-toi » semble disparaître de notre langue. La bienveillance, la valorisation d'autrui, les signes de reconnaissance positifs semblent s'évaporer dans le temps.

À la maison, mes enfants ne font que se disputer. J'ai l'impression qu'Eliot ne supporte plus sa sœur. Il entre dans sa chambre, lui parle mal, l'insulte et la tape. Quand je gronde l'un, il dit que c'est l'autre, et quand je gronde l'autre, il me dit que ce n'est pas lui qui a commencé. Ils me font tourner en bourrique ! Est-ce qu'il faut que je leur mette des fessées pour leur montrer ce que cela fait, quand on fait du mal à quelqu'un, pour qu'ils comprennent une bonne fois pour toutes ?

LA FESSÉE

Non, bien sûr que non, ce ne sont pas les fessées qui règlent un problème. La plupart du temps, un papa ou une maman qui tape pense que c'est la meilleure façon de faire, sinon il ou elle ne le ferait pas. Mais on ne peut pas dire que ce soit la bonne attitude. Certains parents tapent par impulsivité, ne sachant plus quoi faire, mais s'en veulent après et se culpabilisent. D'autres pensent que l'enfant doit écouter les parents et les respecter en utilisant la menace, le chantage et la violence. Ils leur imposent ainsi leurs croyances et on retombe dans l'autorité menaçante que nous avons évoquée au premier chapitre. Redisons-le : point de salut en dehors de la bienveillance ! Cela me fait penser à ce petit garçon de 8 ans qui m'a dit un jour : « Moi ma sœur, je ne la tape pas, je lui mets juste des baffes. Ce n'est pas la taper, et puis c'est que ma sœur. » Je lui demandais alors : « Et pour toi, c'est quoi taper ? » Il me répondit : « Pour moi, taper, c'est s'acharner sur l'autre, lui donner plein de coups sans s'arrêter, comme ce que me fait papa quand je mets des baffes à ma sœur. » Sans commentaire…

Le territoire

L'espace de chacun doit être défini. Combien d'enfants me disent : « Je rentre dans sa chambre pour l'embêter. Ah, ah ! » Il est important de leur apprendre la notion de respect du territoire de chacun. Certains enfants se disputent parce qu'ils veulent s'approprier le territoire de l'autre. Empiéter sur le territoire de l'autre est source de conflit. Les parents sont souvent surpris quand je leur explique cela, pourtant c'est le premier motif de conflits au sein de la fratrie. L'un qui empiète sur le territoire de l'autre est vécu comme une intrusion dans son intimité. Comment vous dire ? C'est comme si la voisine entrait chez vous sans frapper, allait au frigo, se servait et repartait. Cela vous ferait quoi ? Eh bien la même chose. Surprenant, non ? Et par la suite, est-ce que vous vous sentiriez décontracté(e) une fois installé(e) sur le canapé ? Je ne crois pas. Vous seriez toujours sur le qui-vive à l'idée que la voisine puisse entrer chez vous à n'importe quel moment de la journée sans vous prévenir. Et non seulement elle entrerait sans frapper, mais en plus elle viendrait vous prendre des choses qui sont à vous sans vous demander votre autorisation. Eh bien c'est aussi désagréable, violent et stressant pour votre enfant quand son frère ou sa sœur entre sans prévenir dans sa chambre et lui prend l'un de ses jouets !

LE POINT DE VUE DE...

Pierre, papa de Gabin et Léna (5 et 8 ans)

Voilà ce que j'ai dit à mon fils : « Ta chambre c'est ta chambre ; c'est ton territoire. La chambre de ta sœur, c'est son territoire. On n'y entre pas comme ça sans frapper. Tu peux avoir envie de te reposer sur ton lit, de dormir, de lire, de pleurer, d'écouter de la musique. C'est ton lieu à toi, comme une bulle de sécurité, de protection. Si quelqu'un veut entrer, il doit frapper et toi tu dis "Oui, entrez" ou "Non, n'entrez pas, j'ai besoin d'être seul". C'est toi qui décides. Et c'est pareil pour la chambre de ta sœur. Et la chambre de maman et moi, c'est notre territoire. On peut avoir envie de se faire des câlins, des bisous, de lire, de se reposer, d'écouter de la musique, etc. En revanche, le salon, la cuisine, la salle de bains sont des territoires communs à la famille. On doit les partager. Ce sont des lieux ouverts, le territoire de la famille. On le respecte aussi. »

Le point de vue de...

Élise, 10 ans

Je me disputais souvent avec mon frère parce qu'il rentrait tout le temps dans ma chambre. Il me prenait mes jouets et quand je disais non il disait « Maman, Élise ne veut pas me prêter ses jouets ! » Je lui criais dessus et on se tapait. Et comme je criais fort, je me faisais gronder. Je trouvais cela injuste. J'en devenais tellement méchante que maman m'a amenée voir un psy. Maman a compris et maintenant chacun frappe à la porte de l'autre et on attend. Depuis, je me sens protégée dans ma chambre. C'est ma bulle à moi.

Le jeu du toc-toc

Pour bien comprendre la notion de territoire, voici un jeu à organiser entre vos enfants, chacun son tour. L'un est dans sa chambre. L'autre vient frapper à sa porte en disant :

– Toc-toc.

– Oui ?

– Est-ce que je peux venir jouer avec toi dans ta chambre ?

Réponse 1 : Oui, tu peux, entre.

Réponse 2 : Non, je fais mes devoirs/j'ai besoin de calme/j'ai envie d'être seul(e)/Je n'ai pas envie, etc.

Si votre enfant n'entre pas et repart, félicitez-le : « Double bravo ! D'abord parce que tu as osé faire une demande sur tes envies et donc tu t'es respecté, ensuite parce que tu as compris que ton frère/ta sœur avait le droit de dire non et donc tu l'as respecté(e) dans son territoire. Bravo ! »

L'appartenance

Un jour je demandai à un enfant : « Si tu as très envie du ballon de ton copain de classe mais qu'il ne veut pas te le prêter, tu fais quoi ? » « Eh ben, je lui vole ! » me répondit-il sans sourciller. Lui, il a eu droit à une séance de plus ! Les enfants ont besoin d'intégrer la notion d'appartenance car ils sont dans la notion de toute-puissance : « Tout ce qui est à toi est à moi. Et tout ce qui est à moi n'est pas à toi. » Ils ont besoin d'apprendre les notions nécessaires pour vivre en famille, et en société.

Ma fille me prend mon téléphone portable pour faire des jeux. Je disais oui pour lui faire plaisir mais aussi pour éviter les conflits, et puis, il faut bien le dire, ça l'occupe et moi je suis tranquille. Mais plus ça va et plus elle me le demande et me fait des crises si moi j'en ai besoin. Cela devient source de conflit. La dernière fois, elle m'a fait une crise dans une salle d'attente devant tout le monde et elle m'a même donné un coup de pied.

CE QUI EST À VOUS EST À VOUS

Votre portable est à vous. Plus vous le prêterez à votre fille, plus elle va se l'approprier et pour elle ce sera *son* portable. Dès lors, elle se mettra en colère si vous souhaitez l'utiliser. Mettre un portable dans les mains d'un enfant, c'est prendre la responsabilité qu'il puisse le casser par mégarde, le jeter de colère, le dérégler ou regarder vos messages privés et donc entrer dans votre intimité et dans celle des gens qui vous écrivent. Si vous saviez le nombre d'enfants et d'adolescents qui espionnent les messages de leurs parents par le biais de leur portable... À vous de voir si vous êtes prêt à en assumer les conséquences. La responsabilité est chez vous.

> *Mon fils prend les jouets de sa sœur. Elle crie après lui, en disant que c'est à elle. J'explique à ma fille que dans la vie, il faut partager. J'ai raison, non ?*

LE PARTAGE

Demander l'autorisation : oui. Prendre ce qui appartient à autrui sans son accord : non ! On partage avec son cœur quand on en a envie et que cela nous fait plaisir. Si votre fils prend les jouets de votre fille sans lui demander son autorisation, votre fille cachera ses autres jouets par peur qu'ils disparaissent. Elle agira par peur. Ne se sentant pas respectée, elle fermera son cœur. Mais, s'il lui demande l'autorisation, alors là tout change. Elle se sentira respectée et là, elle aura envie de partager. Elle les lui prêtera de bon cœur.

Je me souviens de Gabin, 8 ans. Il se lève de sa chaise, se penche de tout son long sur mon bureau et me prend mon stylo. Il y en a plein à côté de lui mais il prend le mien. Je lui dis : « Cela ne te dérange pas de me prendre mon stylo ? » Il me regarde, surpris, mais ne le lâche pas pour autant. Je lui dis : « Moi je crois que tu dois faire la même chose avec ta sœur et à l'école. Ce n'est pas vrai ? » Il me répond : « Mais comment tu le sais ? » Je lui réponds : « Je le sais juste en te voyant faire. Tu vois, c'est comme si je te prenais ton tee-shirt sans te demander ton autorisation parce qu'il me plaît. Il est trop beau. Tu aimerais ? » « Non » me répond-il, et il me tend le stylo. Je lui dis : « Alors si tu veux, on va faire un jeu. »

Tu veux ou tu ne veux pas ?

Le but de ce petit jeu est d'inciter vos enfants à oser demander à l'autre ce qu'il voudrait avoir tout en acceptant que l'autre puisse leur dire non. Ils apprendront ainsi à se respecter et à respecter l'autre. Le jeu peut se faire de vive voix ou par écrit en glissant un mot sous la porte de la chambre de l'autre.

- Le premier enfant demande : Est-ce que tu pourrais s'il te plaît me prêter (dire ou écrire ce qu'il veut) ...
- Le deuxième enfant répond oui ou non, de vive voix ou par écrit.

> *Mes enfants se disputent souvent à cause de la tablette : « Maman, il l'a eu plus longtemps que moi », « Non ce n'est pas vrai, c'est lui », « Non c'est lui. Moi je ne l'ai pas eu beaucoup ». Quand l'un a quelque chose, comme par hasard, l'autre le veut aussi tout de suite après. Je ne vais tout de même pas acheter deux tablettes ?*

SOYEZ PRÉSENT(E)

Ce n'est pas en achetant une deuxième tablette que vous allez régler le problème, vous ne feriez que le déplacer. D'ailleurs, vous savez pourquoi les enfants veulent toujours la même chose ? Parce que la chose… c'est vous ! Chaque enfant a besoin de passer du temps seul avec sa maman et son papa. Ce n'est pas la quantité de temps que l'on passe avec un enfant qui est importante mais la qualité. Il vaut ainsi mieux passer 10 minutes trois fois par semaine (le lundi, le mercredi et le vendredi de 19 h 50 à 20 heures par exemple) seul avec lui à l'écouter, lui parler, le masser, etc., plutôt que d'arrêter de travailler le mercredi pour faire du repassage, du ménage, etc., parce que ce n'est pas la présence physique qui compte pour un enfant, c'est la présence psychique. Vous pouvez être physiquement là, mais mentalement ailleurs. Et donc vous n'êtes pas là !

Le contact authentique

Prenez le temps de réfléchir sur les jours et les tranches horaires qui vous conviennent le mieux pour être avec votre enfant. Dix minutes suffisent ; ce sera votre temps à tous les deux. Munissez-vous d'une feuille blanche et demandez-lui de dessiner sur cette feuille lui et vous, avec à côté les jours et l'heure de ce moment partagé. Il pourra ensuite la mettre sur sa table de nuit pour qu'elle soit visible. Il est important de respecter l'heure. Ce qui est incroyable, c'est que la plupart du temps, au bout de trois semaines, l'enfant n'en éprouve plus le besoin. C'est comme s'il avait été rassasié et sécurisé de l'attention que vous pouvez lui apporter.

Le temps

Les enfants n'ont pas la notion du temps, les ados prennent tout leur temps, et vous, vous n'avez pas le temps. Comme nous l'avons évoqué plus haut, les enfants ont beaucoup de difficultés à apprendre l'heure et à se repérer dans le temps : l'un aura toujours l'impression qu'il a passé moins de temps devant la tablette que l'autre. Or on ne cadre pas un enfant dans les cris, les fessées ou le chantage mais dans le temps. Vous pouvez leur expliquer ceci : « Regarde, par exemple, si tu te coinces le doigt dans une porte, ça fait très mal. Tu as l'impression que le temps ne passe pas vite. Quand tu joues avec tes copains après le repas de midi et que la maîtresse te dit de rentrer en classe, tu as l'impression que le temps passe très vite. Et pourtant tu as passé beaucoup plus de temps à la récréation que le moment où tu t'es coincé le doigt. »

Le minuteur

Le minuteur ou des repères comme des gommettes collées sur une pendule sont une excellente solution. Si vos deux enfants veulent tous les deux jouer au même jeu, vous pouvez proposer à l'un d'y jouer pendant 10 minutes – top chrono –, puis ce sera au tour de l'autre dès que le minuteur sonnera ou que la grande aiguille de la pendule aura atteint la gommette.

La place

Chacun doit avoir sa place (un territoire à soi) et être à sa place, sans cela les relations vont être très compliquées, ambiguës et conflictuelles pour tout le monde. Certains enfants me disent : « Moi, mon père, c'est comme un copain. » S'il vous voit comme un copain, c'est que votre attitude est peut-être ambiguë pour lui. Vous n'êtes pas son copain, vous êtes son père. Il risque de ne pas vous respecter dans le temps s'il vous voit comme un copain. Dans un registre dramatique, j'ai rencontré un enfant qui parlait mal et frappait sa mère. Il essayait en fait de se mettre à la place du père (qui était maltraitant) et tentait de mettre sa mère en position d'enfant. Il ne restait ainsi pas à sa place d'enfant. Ce fut à la mère de rester à sa place de mère et de remettre son enfant à sa place d'enfant.

Avec ma fille, on se fait des bisous sur la bouche. C'est devenu une habitude mais cela ne plaît pas à ma femme. Elle me dit que notre fille a 10 ans et elle me demande d'arrêter. Je ne vois pas où est le mal, pour moi c'est ma petite femme à moi, c'est une marque d'affection, non ?

PAS SUR LA BOUCHE

Ce n'est pas votre petite femme à vous, c'est votre fille et vous êtes son père. Un père n'embrasse pas sa fille sur la bouche. Ce geste est réservé à votre femme. Vous pouvez expliquer à votre fille qu'elle pourra embrasser son chéri sur la bouche plus tard. Une maman n'embrasse pas non plus son enfant sur la bouche. Vos enfants sont vos enfants et non vos conjoints.

« Pour chaque minute où vous êtes en colère, vous perdez soixante secondes de bonheur. »

Ralph W. Emerson

Le point de vue de...

Vincent, papa d'Eva (17 ans aujourd'hui)

Ma fille avait 6 ans quand j'ai divorcé. Elle voulait dormir avec moi, je n'osais pas dire non. En fait, je me sentais moins seul moi aussi. On est devenu complices, voire fusionnels, jusqu'au jour où j'ai rencontré la femme de ma vie qu'elle a haïe. À 16 ans, ma fille venait parfois s'asseoir encore sur mes genoux. J'étais gêné, je n'osais pas lui dire qu'elle n'avait plus 6 ans. Puis un jour, je l'ai entendue dire : « Mon père, c'est comme un pote. On se taquine, on se chambre, on rigole. Avec lui, il n'y a pas de limites. Je fouille dans son portable pour voir s'il a une copine et il me court après. Sur le canapé, on est collés. Quand je suis belle, il me regarde avec un regard qui tue. Papa, c'est l'homme de ma vie. » Ce fut un déclic pour moi : elle se prenait pour ma femme. En n'ayant rien osé lui dire, je lui avais fait croire inconsciemment que j'étais d'accord. J'ai pris conscience que la place d'un enfant de 6 ans, c'est d'être dans un lit d'enfant et que la place d'une adolescente de 16 ans, c'est d'être sur les genoux de son copain. Le rôle d'un parent, c'est de rester à sa place de parent et d'aider l'enfant à se remettre à sa place d'enfant.

Positions de vie

Insultes

Communication

3
Il nous parle mal

Écouter

Violence physique

Entendre

Blessures

Reconnaissance

Gros mots

Dire

LA VIOLENCE VERBALE

En matière de violence verbale, laissez-moi vous raconter ce qui m'est un jour arrivé en consultation. Une maman entre avec son fils de 12 ans et me dit d'un trait : « Je n'en peux plus de lui. Il me parle mal, il répond aux profs et il a été viré de tous les collèges. Je n'en peux plus, je suis en dépression à cause de lui. Je vous le laisse. » Et elle s'en va. Je me retrouve devant ce jeune que je n'avais jamais vu, affalé sur un fauteuil, la casquette de travers. Je lui dis d'une voix douce :

– Bonjour, est-ce que tu sais pourquoi tu viens me voir ?

– Connasse.

(Je me dis : je sens que ça va être ma fête aujourd'hui…)

– Je vois que tu en connais de jolies choses…

– J't'emmerde.

– Tu sais quoi ? Je vais les écrire.

Je prends alors une feuille et un stylo et j'écris en répétant à haute voix et très lentement : « Connasse », « Je t'emmerde » …

– Va te faire foutre, connasse.

– Ah non, celui-là tu me l'as déjà dit, tu n'en as pas un autre ?

Il me regarde, stupéfait, et me demande :

– Mais… tu m'engueules pas ?

– Ah non, pourquoi veux-tu que je t'engueule ? Tout le monde doit déjà le faire. On perd 80 % de notre énergie quand on se met en colère. Tu te rends compte ? C'est énorme. Je n'ai pas envie de me fatiguer, mais alors pas du tout. Bon, alors, on en était où ? Je crois qu'on en était à « connasse » …

Les insultes ont immédiatement cessé et il a commencé à me respecter. Il n'avait pas de prise sur moi parce que je ne le prenais pas pour moi. Je me disais que pour dire autant de violence verbale, c'est qu'il n'était pas bien au fond de lui. Mon but était de l'écouter pour entendre sa souffrance qui se cachait derrière ses gros mots.

Vous le savez maintenant : vous ne vous sentez pas mal parce que votre enfant vous insulte. Vous vous sentez mal parce que vous ne savez pas comment réagir *quand* votre enfant vous insulte. Je le répète : on ne se sent jamais mal à cause de l'autre, on se sent mal parce qu'on ne sait pas comment réagir face à l'autre.

Diversité et conséquences de la violence verbale

Il est important de savoir que la violence verbale ne se trouve pas que dans les gros mots. Elle se cache la plupart du temps dans les mots de la vie de tous les jours. Ces mots qui insinuent, qui en disent long et qui sont des violences et des toxines envoyées à autrui. Le ton et l'intonation seront là pour bien insister au cas où on n'aurait pas compris. Voici une liste des principales violences verbales, « ces mots qui tuent à petit feu, qui mettent le feu dans le corps de l'autre jusqu'à lui brûler les ailes ».

• Les mots qui tuent : les insultes, les gros mots, la menace verbale, la moquerie malveillante dans le but de rabaisser l'autre : « Eh le gros, t'es pas trop lourd ? »

• Les reproches : « Tu ne m'aides pas, je dois tout faire dans cette maison » dit la maman à l'enfant ; « Tu ne veux jamais jouer avec moi » dit l'enfant à sa maman.

• L'accusation : « C'est Marco qui a fait ça ».

• La dévalorisation : « À l'âge que tu as, tu ne sais toujours pas mettre tes chaussures ? » ; « Tu ne sais pas jouer, on ne veut pas de toi ».

• La culpabilisation : « À cause de toi, je suis toujours en retard au travail. »

• Le chantage : « Si tu ne joues pas avec moi, je ne suis plus ta sœur. »

• Le « tu » qui tue : « Tu es un raté », « Tu es nul », etc.

Celui qui envoie de la violence verbale aura à ce moment-là une impression de toute-puissance à la hauteur de la souffrance qu'il ressent avec cette peur de ne pas exister, de ne pas être à la hauteur, de vivre ce qu'il fait vivre. Les effets de groupe accélèrent le processus de destruction d'autrui, c'est-à-dire de destruction de soi car un jour ou l'autre, tout revient sur soi. La vie est comme un boomerang. Tout ce que l'on envoie, revient à moment donné.

Celui qui reçoit la violence verbale est blessé, son cœur est blessé : il se sent humilié. La violence des mots génère de la colère, de la peur, de la honte, de l'humiliation, de la tristesse et entraîne des blessures psychiques plus ou moins profondes. Car si contrairement aux violences physiques qui laissent des marques sur le corps, les violences verbales sont invisibles à l'œil nu, elles laissent néanmoins des traces parfois indélébiles dans le psychisme. De la dévalorisation régulière à l'insulte occasionnelle en passant par la moquerie permanente, ces phrases violentes à répétition traversent la peau, vont jusqu'au cœur et se fixent dans certaines parties du corps. À force d'entendre : « Eh salut la moche », l'enfant qui reçoit ces moqueries malveillantes a de fortes chances de ne pas aimer son visage et de se détester même si il ou elle est très beau. De nos jours les insultes sont souvent banalisées, cela devient une habitude, comme s'il était normal que tout le monde se parle mal sous prétexte que c'est parfois de l'humour. C'est très loin d'en être pour celui qui les reçoit. Faites attention à ce que vous dites à vos enfants.

BON À SAVOIR

LA VIOLENCE PHYSIQUE

Taper, pousser l'autre violemment, menacer physiquement, abuser sexuellement, etc., la violence physique fait malheureusement parfois partie de la vie d'une famille. Il arrive que certains enfants tapent leurs parents, leur donnent des coups de pied. Je me souviens de ce petit garçon de 6 ans qui me dit en parlant de sa maman qui était assise à côté de lui : « Ouais, l'autre, elle veut pas me prêter son portable pour que je fasse des jeux. » Il se lève de colère et lui met un grand coup de pied dans les jambes. L'enfant me montrait ce qui se passait dans la famille. Tout le monde se tapait. Vous pouvez dire à vos enfants qu'ils ont le droit d'être en colère et que vous le comprenez ; en revanche ils ne peuvent décharger leur colère ni sur les gens ni sur les animaux (voir au chapitre 2 l'outil « Exprimer la colère »). Expliquez-leur qu'il suffit de demander poliment ce qu'ils veulent et que vous êtes en droit de dire oui ou non. Faites-en un jeu (voir au chapitre 2 l'outil « Tu veux ou tu ne veux pas ? »).

Insultes et gros mots

Si vous utilisez un langage fleuri votre enfant fera de même ! Comment voulez-vous que les enfants ne disent pas de gros mots si par exemple en voiture ils entendent leurs parents dire : « Eh connard, tu vas avancer avec ta bouse ? » Et si ce ne sont pas les parents, cela peut être la fratrie, les copains : « Salut, pétasse ! » Si vous saviez tout ce que j'entends...

Gérer les gros mots

Si votre enfant dit des gros mots à la maison vous pouvez lui dire d'aller dans sa chambre et que vous allez venir avec une surprise. Amenez-lui un très gros paquet de feuilles blanches et un stylo. Proposez-lui d'écrire tous les gros mots jusqu'à ce qu'il n'en connaisse plus. Dites-lui de vous appeler quand il a fini car une deuxième surprise va arriver : la poubelle ! Il devra alors tous les déchirer et les mettre à la poubelle.

Vous pouvez aussi lui demander d'aller dire tous les gros mots qu'il connaît aux WC parce que ce sont des « cacas de la bouche ». Surtout ne pas oublier de tirer la chasse ensuite !

Cela me fait penser à ce petit garçon de 9 ans, Nathan, qui me dit un jour tout doucement : « À ma sœur, je lui dis des gros mots. Je vais te les écrire pour que maman n'entende pas. » J'ai respiré un bon coup avant de lire : « Je dis à ma sœur conne, salope, tête de cul, va te faire foutre, enculée. » Quand je demande aux enfants pourquoi ils disent des gros mots, beaucoup me disent que c'est parce que c'est le plus fort qui dit le plus de gros mots. D'autres me disent que c'est celui qui tape le plus fort, ou que c'est celui qui crie plus fort que les autres. Votre rôle est de lui apprendre que le plus fort, c'est celui qui arrive à éviter une dispute par la parole. Car il est bien plus difficile d'apaiser quelqu'un qui vous crie dessus ou qui vous provoque que de monter le ton, de l'insulter ou de le taper. Quand on ne peut pas se maîtriser, on montre à l'autre notre propre faiblesse. Quand j'explique cela aux enfants, ils sont tous surpris. Comme ce petit Nathan qui me dit : « Ah bon ? Toi ce que tu m'expliques, c'est plus dur que les maths ! »

> Quand ce que l'on a à dire n'est pas plus beau que le silence,
> alors il vaut mieux se taire.
> *Jacques Salomé*

QUIZ

TENEZ-VOUS LE BON DISCOURS ?

Je vous propose un petit quiz. Répondez de façon spontanée ce que vous diriez à votre enfant.

Votre enfant revient en pleurant de l'école et il vous dit : « Maman, papa, Pablo il m'a dit que j'étais gros ! » Que lui répondez-vous ?

1. Tu n'as qu'à lui dire que lui, il est laid comme un balai.

2. Tu dois le dire à ta maîtresse.

3. Tu lui en mets une bonne, comme ça il ne recommencera plus.

4. Respire et observe-le. Toi, tu sais que ce qu'il veut c'est que tu t'énerves et que tu l'insultes aussi pour te le reprocher après. Si tu ne tombes pas dans son piège, ce sera toi le plus fort. Et puis, s'il continue, tu peux lui dire : « Vas-y, je t'écoute. Tu as autre chose à me dire ? » Et tu comptes tout seul dans ta tête le nombre de méchancetés qu'il peut dire avec sa bouche. Après tu t'imagines en train de les jeter à la poubelle.

5. Tu l'ignores et tu vas ailleurs.

RÉSULTATS

Réponse 1 : là, ce n’est pas top du tout. La violence attire la violence. Que risque-t-il de se passer ensuite si votre enfant lui dit cela ? Après la violence verbale, arrive la violence physique.

Réponse 2 : tant qu’il n’y a pas de violence physique, il est important que votre enfant apprenne à gérer seul ses conflits. Vous pouvez l’aider.

Réponse 3 : alors là, ce n’est vraiment pas top du tout, mais pas du tout. En disant cela, vous incitez votre enfant à régler ses problèmes par la violence. Il va attirer à lui tous les enfants comme lui.

Réponse 4 : gagné ! Vous êtes des parents au top. L’autre ne peut rien lui reprocher car il ne l’insulte pas mais il l’écoute et en plus, il va l’observer, donc il pourra mettre un certain détachement. En comptant dans sa tête, il va devenir acteur d’une situation qu’il va maîtriser.

Réponse 5 : pourquoi pas, à partir du moment où votre enfant se sent bien au fond de lui en faisant cela. La fuite peut faire partie d’un mécanisme de défense. Tout dépend ce que l’on se dit sur soi à ce moment-là.

HISTOIRE

BOMO ET GROMOLÉ

Vous pouvez lire cette petite histoire à votre enfant avant de lui proposer de jouer au « "Je" de la boîte aux lettres ».

Gromolé boudait dans sa chambre, fâché contre son frère Bomo. Tellement fâché qu'il préparait des insultes à lui envoyer. Dans la chambre d'à côté, Bomo jouait tout seul. Il se sentait bien et avait envie de construire quelque chose. Il réfléchissait, mais n'avait pas encore d'idée, alors il sortit de sa chambre pour aller boire un verre d'eau.

Quand Gromolé entendit la porte de la chambre de son frère s'ouvrir, il sortit aussitôt et lui dit :

– Eh, on ne t'a jamais dit que tu étais moche ? Parce que tu as une tête d'œuf. Cot cot cot !

Bomo le regarda et lui dit :

– Oh merci, je suis trop content ! Tu viens de me donner une super idée. Merci beaucoup.

Gromolé fut très surpris. Il ne comprenait rien. Pourquoi Bomo ne se mettait-il pas en colère ? Il resta là, debout dans le couloir, ne sachant plus quoi dire.

Bomo était très heureux. Il avait décidé de construire une boîte aux lettres pour Gromolé. Une boîte aux lettres un peu spéciale… Ce serait un cadeau pour Gromolé.

Il alla chercher une boîte de mouchoirs en forme de cube qu'il vida entièrement. Il mit néanmoins les mouchoirs de côté pour son frère : si un jour Gromolé était triste, il pourrait le consoler. Puis il prit un stylo rouge et une feuille de papier sur laquelle il écrivit ce que son frère lui avait dit : « Eh, on ne t'a jamais dit que t'étais moche ? Parce que tu as une tête d'œuf. Cot cot cot ! » En dessous il écrivit avec un stylo rouge : « Tu vois, ces mots-là, je n'en veux pas. Non merci. Ils sont à toi. Ils viennent de toi. Je te les rends. » Ensuite Bomo prit une autre feuille sur laquelle il écrivit au stylo vert : « Je voudrais te dire que je t'aime et que j'aime bien quand on joue tous les deux aux billes. Signé : ton frère qui t'aime » Il plia les deux feuilles en quatre et les glissa dans la boîte.

Bomo, tout content, alla déposer la boîte aux lettres devant la chambre de Gromolé. Il frappa à sa porte en disant :

– Gromolé ! Tu as du courrier ! »

Gromolé fut surpris. Du courrier ? Personne ne lui avait jamais écrit. Il était content parce qu'enfin on s'intéressait à lui. Il se mit à lire son courrier et fut encore surpris : son frère l'aimait et aussi il aimait jouer avec lui aux billes. Gromolé croyait que personne ne l'aimait. Il alla chercher ses plus belles billes et les déposa devant la chambre de son frère avec un petit mot : « Quand tu voudras, je t'invite à jouer aux billes dans ma chambre. Signé : Moi aussi, je t'aime. »

Bomo et Gromolé jouèrent aux billes ensemble. Et la surprise, tu sais ce que c'est ? Pour la première fois, ils ne se sont pas disputés. Ils ont beaucoup rigolé.

BON À SAVOIR

RELATIONS SAINES ET RELATIONS TOXIQUES

Les relations toxiques sont basées sur la violence verbale et/ou physique, l'agressivité, l'humiliation, la moquerie blessante, le chantage, la culpabilité, l'imprévisibilité de la colère, la menace. Elles entraînent un climat d'insécurité, d'angoisse, l'ambiance est lourde, pesante et malsaine. L'énergie est mise sur l'autre au lieu d'être sur soi. On accuse l'autre, on voit tout ce qui ne va pas chez l'autre au lieu de mettre l'énergie sur soi pour prendre soin de ses besoins et être bien avec soi. Les relations saines sont, elles, basées sur la bienveillance et l'écoute qui permettent d'instaurer un climat de liberté et de sécurité où l'ambiance est légère et fluide. Voici les attitudes clefs des relations saines.

- **La valorisation :** « Oh que c'est bien, tu as mis la table comme un grand. »
- **Les signes de reconnaissance positifs :** « Tu es serviable, et ça c'est une qualité. »
- **La demande :** « Est-ce que tu pourrais m'aider, s'il te plaît ? J'aurais besoin de ton aide », « Est-ce que tu pourrais mettre tes mains sur la table, s'il te plaît ? C'est important pour que ton petit dos ne soit pas tout tordu ».
- **La remise en question de soi :** Pourquoi mon enfant refuse-t-il de faire ce que je lui demande ? Comment pourrais-je m'y prendre autrement ?
- **Le « je » :** on parle de soi au lieu de parler sur l'autre, on parle de ses émotions, de son ressenti, de ses désirs, etc.
- **Le respect.**
- **La responsabilisation.**

ACTIVITÉ

LE « JE » DE LA BOÎTE AUX LETTRES

Voici un jeu que vous pouvez proposer à vos enfants afin d'accueillir et de recevoir des mots doux qui font chaud au cœur et de rendre les mots laids qui ont pu être envoyés à leur propriétaires. Personne n'en veut, non merci !

Matériel

- ☐ Une boîte à mouchoirs vide en forme de cube.
- ☐ Un stylo rouge.
- ☐ Un stylo vert.
- ☐ Des ciseaux.
- ☐ Les feuilles détachables « Les mots doux » et « Les mots laids » en fin d'ouvrage (tu peux en faire des photocopies pour rejouer plus tard).
- ☐ Une étiquette.

Fabrication

Chacun fabrique sa boîte aux lettres.

1. Découpe trois des quatre côtés du dessus de la boîte pour qu'elle puisse s'ouvrir entièrement.

2. Écris ton nom sur l'étiquette et colle-la sur le devant de la boîte.

3. Tu peux maintenant déposer ta boîte aux lettres devant la porte de ta chambre. N'oublie pas d'aller de temps en temps voir si tu as du courrier !

Déroulement du jeu

1. Sur la feuille « Les mots doux », écris en vert des jolies phrases à la personne de ton choix (et qui a une boîte aux lettres !) : ce que tu aimes chez elle, ce que tu aimes qu'elle fasse, ce que tu aimes faire avec elle, ce que tu aimerais faire avec elle, etc.

2. Sur la feuille « Les mots laids » écris en rouge les vilains mots que l'autre personne t'a dits puis écris : « Non merci, ce sont tes mots, je te les rends, je n'en veux pas. »

Attention ! Rendre la violence ne veut pas dire être violent à ton tour. Interdit d'écrire des mots laids à l'autre, de lui faire des reproches, de l'accuser.

3. À la fin de la semaine, on réunit tous les mots laids ensemble et on va les jeter à la poubelle avec papa et maman. Le gagnant, c'est celui qui a su dire le plus de mots doux aux autres ou celui qui en a reçu le plus. Et ça c'est top !

RESPECT ET IRRESPECT

Il est important pour moi d'insister sur la notion de respect pour que vous puissiez comprendre qu'il est la base de toute relation saine. Le respect est le sentiment d'égard que l'on a envers soi-même ou envers quelqu'un d'autre. Considérer quelqu'un avec égard, c'est lui porter de l'estime. Se considérer avec égard, c'est se porter de l'estime à soi-même. Pour une bonne relation à l'autre, le respect doit être mutuel. Il est important de se respecter soi-même pour se faire respecter des autres. Est-ce que vous savez que le respect que l'on a pour soi est à la hauteur du respect que les autres nous accordent ? Apprenez à vos enfants à se respecter.

Le triangle du respect

Le respect se situe au centre d'un triangle dont les trois pointes sont liées pour que cela fonctionne.

Je me respecte

La notion de respect commence par soi : je me respecte quand je m'accepte tel(le) que je suis et non tel(le) que j'aimerais être. Vous respecter c'est prendre soin de vous, de vos limites, de votre corps en écoutant les messages qu'il vous envoie. Par exemple prendre le temps d'aller courir quand vous êtes énervé(e). Vous respecter, c'est aussi prendre soin de vos besoins, de votre espace, de votre temps. Instaurez des règles de vie dans la famille, où on ne rentre pas dans la chambre des uns et des autres comme ça. Vous avez besoin d'un lieu à vous et d'un temps pour vous.

Quand on se respecte, on ne se culpabilise pas ! On fait ce qui est bon pour soi, on se responsabilise. Pour vous respecter, vous devez vous estimer, et l'estime de soi, c'est quoi ? C'est l'amour que l'on a pour soi et la valeur que l'on se donne à soi. Si vous vous dites que vous avez de la valeur, que vous êtes quelqu'un de bien, que vous faites du mieux que vous pouvez, vous vous respecterez. Si vous acceptez votre corps, vous aurez de l'estime pour lui et vous aurez envie de le respecter.

Ma belle-mère me dit que mon fils est mal élevé, qu'il ne dit ni merci, ni bonjour, ni pardon, etc. Je lui ai répondu : « Et vous, vous l'avez bien élevé, votre fils ? Parce que moi, je l'ai tous les jours à la maison et je peux vous dire, ce n'est pas un cadeau ! » Et tac ! Ça m'a énervée. Bon, je dois reconnaître c'est vrai qu'en ce moment notre fils nous parle mal et commence à dire des gros mots aux autres enfants. On le gronde souvent pour qu'il soit poli, on ne laisse pas faire. D'ailleurs, la dernière fois, mon mari lui a dit : « Tu vas arrêter de répondre ? Tu te prends pour qui, petit "con" ? » Oh que non, on ne se laisse pas faire. Non mais il est où le respect ?

VOUS RESPECTEZ-VOUS ?

Un enfant qui ne dit ni merci, ni bonjour, ni pardon peut être considéré comme un enfant qui n'est pas poli. Est-ce par réaction ? Parce qu'il sait que c'est important pour vous ? Dans l'irrespect, on est plutôt dans une forme de violence envers l'autre où l'on parle mal à l'autre. Votre enfant ne vous respecte pas parce qu'il ne se sent pas entendu et respecté. Quand on sait qu'il est important de se respecter soi-même pour se faire respecter des autres, alors vous pouvez vous poser la question : « Est-ce que je me respecte vraiment ? » Quand vous dites oui à votre enfant pour lui faire plaisir alors que vous n'en avez pas envie, ou que vous n'osez pas lui dire non, que vous vous forcez à le faire, vous ne vous respectez pas. Pour vous respecter, vous devez vous poser les bonnes questions chaque fois qu'on vous demande de faire quelque chose pour qui que ce soit : 1. Est-ce que j'en ai envie ? 2. Est-ce que j'en ai les compétences ? 3. Est-ce que j'ai le temps pour le faire ? Si votre réponse est oui, alors vous serez en accord avec vous-même et avec l'autre. Si vous vous respectez, vous respecterez votre enfant, et il vous respectera. La clé est là.

Je respecte mon enfant

Une fois que vous vous respectez vous-même, la notion de respect va se déplacer sur l'autre. Vous respectez votre enfant quand vous l'acceptez tel qu'il est et non tel que vous aimeriez qu'il soit. Qu'il soit lent, hyperactif, inattentif, enfant précoce ou qu'il ait des difficultés intellectuelles, qu'il soit grassouillet ou maigrichon, qu'il soit roux, noir, jaune ou vert, il est important que vous le respectiez. C'est prendre soin de lui, de son corps en l'écoutant, mais c'est aussi prendre soin de ses besoins, de son espace, de son temps. Par exemple s'il est énervé, fatigué, lui demander de quoi il aurait besoin pour être mieux et se ressourcer.

Quand on respecte un enfant, on ne le culpabilise pas, on le responsabilise. S'il casse un verre parce qu'il n'est pas attentif et bouge tout le temps, il devra en assumer les conséquences et balayer les débris pour les mettre à la poubelle. Pour le respecter, nous devons l'estimer dans l'amour que l'on a pour lui et dans la valeur qu'on lui donne. Et l'estime de lui, c'est quoi ? C'est l'amour que l'on a pour lui, un amour sain et la valeur qu'on lui attribue. Si vous lui dites qu'il a de la valeur, qu'il est quelqu'un de bien, qu'il fait du mieux qu'il peut, vous le respecterez. Il sentira qu'il a de la valeur à vos yeux et il se sentira respecté et respectera aussi son corps.

Mon enfant me respecte

La notion de respect revient à soi, tel un boomerang. L'enfant vous respecte quand il vous accepte tel que vous êtes et non tel qu'il aimerait que vous soyez. Il respecte vos limites, votre espace, votre temps parce qu'il a compris le cadre bienveillant nécessaire à toute la famille. S'il vous respecte il n'utilisera pas la culpabilité, le chantage ou la peur. Il vous respectera parce qu'il aura de l'estime pour vous, et l'estime pour vous c'est quoi ? C'est l'amour qu'il a pour vous. Un amour sain. Vous aurez de la valeur pour lui, vous serez un modèle.

ACTIVITÉ

LE RESPECT ET VOUS

Voici un petit questionnaire qui va vous permettre d'explorer votre rapport au respect, de vous-même, de votre enfant, de vous deux. L'occasion d'en apprendre plus sur vous et sur votre relation avec votre enfant.

Vous

1. De quelle façon est-ce que je m'aime ? Par exemple : « Je m'aime quand je prends du temps pour moi, en écoutant mes besoins. J'écoute de la musique gaie pour être de bonne humeur, je fais un sport que j'aime pour me défouler, de la méditation pour être serein(e), je m'entoure de gens que j'aime. »

....

....

....

2. Comment est-ce que je parle de moi ? Je me dis quoi sur moi, sur qui je suis, sur ce que je fais, sur mon corps ?

....

....

....

Votre enfant

3. De quelle façon est-ce que j'aime mon enfant ? Par exemple : « Je l'aime quand je prends du temps pour être avec lui. En écoutant ses besoins, et en le guidant pour qu'il prenne soin de ses besoins et qu'il fasse ce qui est bon pour lui. »

4. Comment est-ce que je parle de lui ? Je me dis quoi sur lui, sur qui il est, sur ce qu'il fait, sur son corps ? Par exemple : « Pour moi, mon enfant a de la valeur. Il a un trésor en lui. Il a un potentiel énorme. Il est intelligent, il aime les gens et il est marrant. »

Votre enfant et vous

5. Demandez à votre enfant de quelle façon il vous aime ? Par exemple : « Moi j'aime quand tu passes du temps avec moi, quand on fait des choses ensemble et qu'on parle de tout. »

6. Comment est-ce qu'il parle de vous ? Il se dit quoi sur vous, sur qui vous êtes, sur ce que vous faites ?

Le triangle du non-respect

Le non-respect fonctionne comme le respect :

Je ne me respecte pas

Vous ne vous respectez pas quand vous ne vous acceptez pas tel(le) que vous êtes avec toujours l'envie d'être ce que vous n'êtes pas. Ne pas vous respecter, c'est ne pas prendre soin de vous, de vos limites, de votre corps en n'écoutant pas les messages qu'il vous envoie. Par exemple toujours trouver un prétexte pour ne pas vous écouter quand vous êtes énervé(e), ne pas prendre le temps de faire une pause et vous défouler en criant sur vos enfants. Si vous êtes fatigué(e), votre corps vous envoie des messages de fatigue corporelle pour que vous vous reposiez. Si vous ne l'écoutez pas, il enverra des messages encore plus forts (maladies, fractures, entorses, etc.) pour vous obliger à l'écouter pour le reposer. Comment pouvez-vous vous organiser pour vous reposer sans avoir à en passer par la maladie, les fractures, les entorses, etc. ?

Ne pas se respecter c'est aussi ne pas prendre soin de vos besoins, de votre espace, de votre temps. Si vous avez une mauvaise estime de vous, vous vous dévaloriserez et vous ne vous respecterez pas. Vous aurez l'impression de n'avoir aucune valeur. Ce qui est faux, c'est ce que vous vous dites. Vous serez en colère contre l'image que vous avez de vous, qui est une image déformée : je ne vaux pas le respect. Peut-être même que vous vous dénigrer. En la matière, certains sont champions du monde ! Si vous ne vous respectez pas, vous vous culpabiliserez au lieu de vous responsabiliser et vous ne ferez pas ce qui est bon pour vous.

Quand on ne se respecte pas, on a une mauvaise estime de soi, et l'estime de soi, c'est quoi ? C'est l'amour que l'on a pour soi, et la valeur que l'on se donne à soi. Si vous vous dites que vous n'avez pas de valeur, que vous n'êtes pas quelqu'un de bien, que ce que vous faites ne va jamais, vous ne vous respectez pas. Si vous n'acceptez pas votre corps, vous n'aurez pas d'estime pour lui et vous n'aurez pas envie de le respecter.

En prenant soin de vous, de vos besoins, et en écoutant les messages que votre corps peut vous envoyer au travers de blessures, de maladies, on nourrit le respect pour soi en apprenant à s'aimer pour mieux vivre avec les autres. Posez-vous la bonne question : de quoi ai-je besoin à ce moment-là ? Si vous ne pouvez pas sortir physiquement alors évadez-vous mentalement par la méditation, la musique ou la visualisation.

Le point de vue de...

Élodie, maman de Loulou et Louis (4 et 8 ans)

Quand je n'en peux plus parce que les enfants se disputent et crient dans la maison, au lieu de crier encore plus fort, je leur dis que j'ai besoin de silence et de calme parce que ça me fait mal aux oreilles. Je vais dans ma chambre, je me mets les écouteurs, j'écoute de la musique et je danse. Ils s'arrêtent net et même s'ils continuent, ce n'est pas grave, je n'entends rien. Je danse.

Je ne respecte pas mon enfant

Vous ne respectez pas votre enfant quand vous ne l'acceptez pas tel qu'il est, mais tel que vous aimeriez qu'il soit. En l'appelant par exemple Sumo parce qu'il est un peu grassouillet. Vous ne le respectez pas si vous lui parlez mal, tant au niveau de ce qui est dit que dans le ton et l'intonation. Ne pas le respecter c'est ne pas prendre soin de lui, de son corps en ne l'écoutant pas mais c'est aussi ne pas prendre soin de ses besoins, de son espace, de son temps. S'il est énervé, fatigué, c'est par exemple lui crier dessus en lui disant qu'il n'y a pas que lui qui est fatigué et qu'il doit arrêter d'énerver tout le monde.

Quand on ne respecte pas son enfant, on le culpabilise, on lui fait du chantage, on lui fait peur, on le menace. On ne le responsabilise pas. On ne le respecte pas parce qu'on a une mauvaise estime de lui. À nos yeux, il n'a pas beaucoup de valeur. Si vous lui laissez penser qu'il n'a pas de valeur, qu'il n'est pas quelqu'un de bien, que tout ce qu'il fait ne va pas, vous ne le respectez pas.

Mon enfant ne me respecte pas

Votre enfant ne vous respecte pas quand il ne vous accepte pas tel(le) que vous êtes avec toujours l'envie que vous soyez ce que vous n'êtes pas. Que vous soyez par exemple toujours en forme alors que vous ne l'êtes pas. Il ne vous respecte pas quand il vous parle mal, tant au niveau de ce qui est dit, que dans le ton et l'intonation. Il ne va pas comprendre que vous puissiez avoir besoin d'un espace et d'un temps pour vous. Il va vous culpabiliser, vous faire du chantage, des menaces et jouer avec la peur. Il y a des chances qu'il ait une mauvaise estime de vous, ce qui est quand même dommage, parce que vous êtes quelqu'un de bien. Moi je le sais mais c'est à vous de vous en persuader ! Et à vous de le persuader ! Il va se dire des choses négatives sur vous : « Il est toujours fatigué, jamais disponible pour moi » (attention, c'est ce qu'il se dit, ce n'est pas forcément la réalité) et il n'aura pas envie de vous respecter. Et là, les enfants et surtout les ados sont trop forts pour s'en dire des choses sur les parents ! « Ouais, mon père, il est trop relou ! »

On peut alors se poser la question : Mais est-ce que mon enfant m'aime ? Eh bien, même si vous ne vous posez pas la question, vous avez parfois la réponse sans n'avoir rien demandé : « De toute façon, j't'aime pas ». Évidemment, vous n'avez pas fait ce qu'il voulait que vous fassiez.

LE POINT DE VUE DE...

Mélanie, maman d'Eliot (7 ans)

Mon fils me poussait à bout depuis la naissance de sa sœur. Malgré tout l'amour que j'avais pour lui, il était persuadé que je ne l'aimais plus parce qu'il disait qu'il était méchant. C'était faux, mais c'est ce qu'il se disait. En me poussant à bout, il attendait que je le gronde ou que je lui parle mal et que je le rejette pour se conforter dans ses fausses croyances : je suis méchant et je ne peux pas être aimé. J'ai compris tout cela grâce à ma psy et je lui ai dit : « Moi, je t'aime. Si tu as envie de penser le contraire, c'est ton choix. Mais moi je t'aime et je sais que tu es quelqu'un de bien. Plutôt que de te dire que tu ne peux pas être aimé ou que tu es méchant, qu'est-ce que tu pourrais te dire à la place ? Le contraire. Alors tu vas l'écrire, mettre la feuille sur ta table de nuit et la lire tous les soirs avant de t'endormir. »

FAUSSES CROYANCES ET LIMITES

Oui, vous pouvez vous respecter, le respecter et pourtant malgré tout il ne vous respecte pas, alors pourquoi ? Pour deux raisons. La première est qu'il se **conforte dans ses fausses croyances** : il vous pousse à bout pour se conforter dans l'idée qu'il est « nul », « méchant », pas digne d'être aimé, etc. Demandez-lui quel avantage il a à se dire cela, ce qui se passerait pour lui s'il était le contraire de ce qu'il se dit.

Il est important que vous l'aidiez à se sortir de ses fausses croyances qui l'enferment. Souvenez-vous que vous devez dissocier qui il est de ce qu'il fait en lui disant : « Toi je t'aime très très fort, mais ce que tu viens de me dire, je ne l'accepte pas. »

La seconde raison pour qu'il continue de vous manquer de respect est qu'**il teste vos limites :** est-ce que vous allez vous respecter et rester calme ou vous mettre hors de vous ? Si vous vous maîtrisez, il n'aura plus de prise sur vous car il faut être deux pour que cela fonctionne. Il essayera certainement sur quelqu'un d'autre.

TEST

LES POSITIONS DE VIE

Les positions de vie représentent la valeur que nous nous donnons à nous-même et la valeur que nous donnons aux autres. C'est l'idée plus ou moins positive que nous avons de nous-même et des autres.

Soulignez les 16 qualificatifs (1 par ligne) qui vous parlent le plus dans la façon dont vous vous voyez. Additionnez ensuite le nombre de réponses vertes, rouges, orange et noires et reportez-vous aux résultats.

	A	B	C	D
1	Authentique	Gentil	Critique	Ironique
2	Sévère	Sceptique	Serviable	Communicatif
3	Fermé	Susceptible	Défaitiste	Dévalorisant
4	Arrangeant	Créatif	Réaliste	Admiratif
5	Optimiste	Arrogant	Fuyant	Autoritaire
6	Passif	Détendu	Cassant	Dynamique
7	Persécuteur	Coupable	Généreux	Soupçonneux
8	Confiant	Déprimé	Triste	Humble
9	Pessimiste	Manipulateur	Influençable	Mou
10	Peureux	Libéré	Méprisant	Objectif
11	Joyeux	Désespéré	Résigné	Supérieur
12	Inférieur	Humiliant	Lucide	Soumis
13	Mauvaise foi	Idées noires	Timide	Va de l'avant
14	À l'écart	Veut plaire	Moqueur	Victime
15	Heureux	Épanoui	Spontané	Accusateur
16	Naïf	Imposant	Fataliste	Honteux

Total de réponses vertes

Total de réponses rouges

Total de réponses orange

Total de réponses noires

RÉSULTATS

Il existe plusieurs positions de vie : ++, +-, -+, --. Le premier signe indique la façon dont vous vous voyez et le second la façon dont vous voyez les autres.

• Vous avez un maximum de réponses vertes

Vous êtes davantage dans la position de vie ++ : « J'ai de la valeur et tu as de la valeur ». Vous vous retrouvez dans le triangle du respect mutuel : « Je me respecte et je te respecte. Je t'accepte tel que tu es. J'ai conscience de ma valeur et de la tienne. » Chacun a de la considération pour l'autre. Vous vivez des relations saines pleines de bienveillance vis-à-vis de vous et de ceux qui vous entourent. Bravo !

• Vous avez un maximum de réponses rouges

Vous êtes dans la position de vie +- : « Moi j'ai de la valeur et toi, tu as moins de valeur que moi », « Je pense que je vaux mieux que toi ». Il semblerait que vous soyez dans une position de dévalorisation ou de domination vis-à-vis de l'autre et donc aussi de votre enfant. Cette position conduit à parler à l'autre de manière condescendante : « Tu n'es pas capable, laisse je vais le faire » ou bien « Mais que tu es nul ». Êtes-vous en train de reproduire sur votre enfant l'éducation que vous ont donnée vos parents ? Quel avantage auriez-vous à le dévaloriser à ce point ? Auriez-vous peur de ne pas tout contrôler et d'être à votre tour contrôlé(e) ? En continuant vous le tirez vers le bas. Pensez à changer vos lunettes de vue. Les autres et vos enfants ont aussi beaucoup de valeur. Ils sont capables de faire plein de choses et même d'exceller dans des domaines que vous ne soupçonnez pas. Pensez à les valoriser et vous serez fier(ère) d'avoir des enfants heureux et qui réussissent.

• Vous avez un maximum de réponses orange

Vous êtes dans la position de vie -+ : « Je ne vaux pas grand-chose, n'importe qui vaut mieux que moi. » C'est une position dépressive. C'est ce que vous vous dites, mais ce n'est pas la réalité. Vous vous tirez vers le bas mais pourquoi ? Quels avantages avez-vous à vous dire cela ? Pour que l'on s'occupe de vous ? C'est un travail à plein temps que de mettre toute son énergie pour ne pas y arriver et se dévaloriser. Vous avancerez dans la vie le jour où vous prendrez la responsabilité de ce que vous vivez. De quelles façons pouvez-vous construire votre vie pour être heureux(se) ? Vous avez beaucoup de valeur et plus que ce que vous croyez. Visualisez tous les jours ce que vous voulez et vous l'obtiendrez.

• Vous avez un maximum de réponses noires

Vous êtes dans la position de vie -- : « Je n'ai pas de valeur et tu n'as pas de valeur ». Vous vous retrouvez dans le triangle du non-respect, ce qui veut dire en résumé : « Je ne vaux rien et tu ne vaux rien ». C'est faux ; c'est ce que vous dites. Vous êtes bloqué(e) dans des fausses croyances qui vous empêchent d'avoir confiance en vous et de réaliser ce que vous voulez. On retrouve souvent cette position de vie quand l'enfant a grandi dans un milieu difficile ou qui lui a donné une image négative à la fois de lui-même et du monde environnant. Pensez à noter sur un petit cahier trois choses agréables que vous avez vécues ou vues dans la journée pour retrouver la joie de vivre. La vie vous apporte tous les jours un cadeau. Le plus beau cadeau c'est vous.

INSTALLER UNE COMMUNICATION SAINE

La façon de communiquer avec autrui dépend de la façon dont on se voit dans les positions de vie. Les enfants ont besoin d'apprendre à communiquer… et les parents aussi ! On devrait apprendre les bienfaits d'une bonne communication dans les écoles. Aujourd'hui, je constate qu'il y a de plus en plus d'enfants qui parlent mal et cela devient presque normal. À nous de les aider à bien communiquer pour qu'ils puissent le transmettre à leurs futurs enfants. Votre enfant a besoin d'être entendu, mais ce n'est pas toujours simple :

- entre ce qu'il a envie de vous dire mais qu'il n'arrive pas à dire, ce qu'il croit vous dire et ce qu'il vous dit ;

- entre ce que vous avez envie d'entendre, ce que vous n'avez pas envie d'entendre, ce que vous croyez entendre et ce que vous entendez ;

- entre ce que vous avez envie de comprendre, ce que vous n'avez pas envie de comprendre et ce que vous comprenez. Et le pompon, c'est que parfois vous croyez comprendre mais qu'en fait, vous n'avez rien compris.

Difficile aussi de l'entendre quand il crie (parce qu'il ne se sent pas entendu) parce que là, vos oreilles se bouchent tellement vous ne voulez plus l'entendre ! Il en va de même pour votre enfant. Difficile de vous entendre :

- entre ce que vous avez envie de lui dire mais que vous n'arrivez pas à dire, ce que vous croyez lui dire et ce que vous lui dites ;

- entre ce qu'il a envie d'entendre, ce qu'il n'a pas envie d'entendre, ce qu'il croit entendre et ce qu'il entend ;

- entre ce qu'il a envie de comprendre, ce qu'il n'a pas envie de comprendre et ce qu'il comprend. Et c'est le même pompon : il croit avoir compris alors qu'en fait, parfois, il n'a rien compris.

Alors comment arriver à s'entendre ? Comment dire ? La communication va s'organiser autour de quatre axes : écouter, entendre, dire et ne pas dire.

Écouter

Déjà, pour écouter, il faut savoir se taire. Et ça, ce n'est pas gagné. Il va falloir freiner votre réactivité. L'écoute suppose une décentration de soi, une proximité mais aussi une certaine distance. Écouter exige que vous sépariez vos propres désirs et sentiments de ceux de votre enfant. Ce qu'il ressent et ce qu'il éprouve lui appartient.

• Voici un exemple où le parent n'écoute pas son enfant :

Enfant : Papa, quand je serai grand, je serai chercheur d'or.

Parent : Mange et on verra après.

• Voici un exemple où personne ne s'écoute :

Enfant : Maman, je n'aime pas mon frère. Je le déteste.

Parent : Moi j'ai toujours adoré ma sœur.

Enfant : La dernière fois il m'a tapé.

Parent : Je crois que j'ai eu de la chance d'avoir eu une sœur comme elle.

Entendre

Il est bien sûr important d'entendre les mots et leur signification, mais il faut aussi entendre le langage corporel : le regard, le ton et l'intonation, la respiration, la gestuelle, la position du corps, etc.

• Voici deux exemples où le parent écoute son enfant mais ne l'entend pas dans ce qu'il veut lui dire :

1. Enfant : Papa, quand je serai grand, je serai chercheur d'or

Parent : Ne dis pas n'importe quoi, chercheur d'or, ce n'est pas un métier. Tu pourrais faire avocat comme ton grand-père, ça c'est un beau métier.

2. Enfant : Maman, je n'aime pas mon frère. Je le déteste.

Parent : Mais non, ne dis pas ça, tu l'aimes, ton frère.

Enfant : La dernière fois, il m'a tapé.

Parent : Quand ce n'est pas l'un, c'est l'autre. Vous commencez à m'énerver. Chacun dans sa chambre, je ne veux plus voir personne. Allez ouste !

• Voici maintenant deux exemples où le parent écoute son enfant et entend ce qu'il veut lui dire :

1. Enfant : Papa, quand je serai grand, je serai chercheur d'or.

Parent : Ah bon ? Tu voudrais être chercheur d'or ? C'est un métier original. Et c'est quoi qui te plaît dans ce métier ?

Enfant : Eh ben parce que comme ça je pourrai faire de beaux bijoux à maman.

Parent : Alors ça c'est gentil ce que tu dis.

Enfant : Oui, parce que toi, tu ne lui offres jamais de bijoux.

Bon, parfois, il est vrai que vous prenez le risque d'entendre ce que vous ne voulez pas entendre !

2. Enfant : Maman, je n'aime pas mon frère. Je le déteste.

Parent : Tu n'aimes pas ton frère ? C'est quoi que tu n'aimes pas chez lui ?

Enfant : La dernière fois, il m'a tapé.

Parent : Il t'a tapé où ? Qu'est-ce qui s'est passé ?

Enfant : Il m'a mis une gifle parce que je ne voulais pas faire ce qu'il voulait. Il voulait me forcer à lui faire ses devoirs et moi, j'en avais pas envie. Et tous les soirs, il fait ça.

Parent : C'est bien que tu m'en parles. Grâce à ce que tu viens de me dire, je pourrai peut-être organiser une petite réunion de famille où tout le monde parlera de ce qui est difficile pour lui. Qu'est-ce que tu en penses ?

Enfant : Oh oui. Merci, maman.

Dire

Il est rare que nous utilisions des mots pour dire nos émotions. C'est souvent notre corps qui s'exprime en étant tendu, agité, ou en se prenant les portes. Puis le ton monte pour devenir autoritaire et sec, comme si celui qui est en face devait comprendre ce que vous vous dites à ce moment-là. Lorsque nous utilisons des mots, nous avons tendance à parler de notre vécu mais pas de nous-même, de nos émotions, de nos sentiments, de notre ressenti. Pour mieux comprendre, voici l'exemple d'une maman qui récupère son enfant après l'école tous les soirs à 16 h 45. Ce jour-là, elle arrive à 18 heures, l'enfant a dû aller à la garderie et fait la tête :

– Il fait nuit, j'ai cru que tu ne viendrais pas.

L'enfant parle de ce qu'il a vécu mais pas de ses émotions : « **J'ai eu très peur** que tu ne viennes pas me chercher. » Il ne parle pas de ses sentiments de frustration et d'incertitude d'avoir attendu autant de temps sans savoir pourquoi sa maman ne venait pas le chercher.

Sa mère lui répond, énervée :

– J'ai été bloquée sur la route, et après j'ai dû rouler très vite.

La mère parle aussi de ce qu'elle a vécu mais pas de ses émotions : « **J'étais en colère après moi** parce qu'au travail je n'ai pas vu l'heure passer et après j'ai été retardée à cause des bouchons. » Elle ne parle pas de son dépit de ne pas se sentir comprise pour tous les risques encourus. L'enfant a besoin de se sentir non seulement entendu dans sa peur mais aussi d'être rassuré : « Je voudrais m'excuser auprès de toi. Je comprends. Tu as dû avoir peur. Je vais essayer de partir plus tôt du travail pour ne plus être dans les bouchons et toi ce que tu peux faire, c'est dessiner ton désir qu'on se serre dans les bras. »

Savoir dire, c'est aussi savoir faire une demande en utilisant les mots magiques. Et oui, si vous entendez « Je veux un bonbon » ou « Maman, s'il te plaît, est-ce que je pourrais avoir un bonbon ? » cela ne vous fera pas le même effet ! N'hésitez donc pas à utiliser les mots magiques comme « s'il te plaît », « merci », etc.

Ne pas dire

Certains ne peuvent pas dire ce qu'ils pensent, tant les parents que les enfants. Derrière ces non-dits se cachent des peurs : peur des conflits, d'être jugé, d'être rejeté... Alors, comment faire pour dire l'indicible ? Parler de vous, de votre ressenti, de vos émotions, de vos désirs, de vos besoins, au lieu de parler sur l'autre.

BON À SAVOIR

L'ANALYSE TRANSACTIONNELLE

L'analyse transactionnelle est un modèle de communication qui étudie le comportement et les relations de façon à changer. Elle a été créée par le psychiatre américain Éric Berne dans les années 1950 avec pour objectif de développer ses capacités d'observation, d'écoute, de compréhension de soi et des autres et d'acquérir une méthode pratique pour sortir des blocages et résoudre des conflits. Pour Éric Berne, notre personnalité est constituée de trois composantes qu'il nomme les états du moi : le parent (P), l'adulte (A) et l'enfant (E). Lorsque nous nous exprimons, nous utilisons une communication tantôt parent, tantôt adulte ou tantôt enfant. Attention, cela n'a rien à voir avec l'âge que l'on a, c'est plutôt comme notre état d'esprit au moment où nous parlons.

L'état du moi P

C'est lorsque nous nous comportons, pensons ou ressentons d'une manière copiée sur l'un de nos parents. Cela correspond à l'incorporation des messages parentaux qui ont été importants pour nous. On retrouve ici les opinions, les valeurs, le bien, le mal, les normes, les lois, les croyances, etc. Dans l'état du moi P, il existe deux sous-catégories : le parent critique et le parent sauveur, qui ont chacun leur revers de médaille.

Le *parent critique* est un parent persécuteur. Son but est de dévaloriser l'autre. Par exemple : « Tu es nul », « Tu ne comprends rien », « Tu es un feignant ». De l'autre côté de la médaille on trouve le *parent structurant*, dont le but est de protéger l'autre. Par exemple : « Va te coucher tôt car demain il y a école », « Pense à faire tes devoirs ».

Le *parent sauveur* apporte le soutien, le réconfort, il console. Il existe le *parent sauveur positif*, lorsqu'on en fait pas trop (pas plus de 50 %) et le *parent sauveur négatif*, lorsqu'on fait à la place de l'autre (plus des 50 %), qui se sent alors dépossédé de ses capacités.

L'état du moi A

C'est lorsque nous nous comportons, pensons ou ressentons en fonction de ce qui se passe autour de nous-même maintenant. Nous utilisons toutes les ressources dont nous disposons en tant que grande personne, en tant qu'adulte : la logique, la raison. On donne de l'information, c'est tout. Par exemple : « Quelle heure est-il ? Il est 2 heures. » À un certain âge, l'enfant est souvent dans le A parce qu'il veut comprendre la vie, le monde : Pourquoi ? Qui ? Quand ? Quoi ? Où ? Comment ?

L'état du moi E

C'est lorsque nous nous comportons, agissons ou pensons comme si nous étions un enfant. Ce sont les sentiments, les besoins, les sensations et les émotions de peur, colère, tristesse, joie. Il existe trois états du moi E :

L'*enfant soumis* (ES) : il manque de confiance en lui, est victime, toujours d'accord même s'il ne l'est pas et s'il n'en a pas envie. Il fait ce qu'on lui dit de faire.

L'*enfant rebelle* (ER) : il se révolte contre les règles, n'est jamais content, râle tout le temps, s'oppose systématiquement. Il peut harceler ses parents pour obtenir ce qu'il veut, car ces derniers cèdent tellement ils en ont marre. Une fois adulte, il voudra s'imposer face à l'autre pour avoir ce qu'il veut ou le harceler, ne sachant même plus faire une demande simple et polie.

L'*enfant libre* (EL) : tout va bien pour lui. Il se sent libre de faire ce qu'il veut, quand il en a envie. *EL positif* : « J'en ai marre, je me respecte, je m'en vais. » *EL négatif* : « Je mets le feu, je monte sur les tables. »

Les transactions

Les transactions désignent ce qui se passe psychiquement dans un échange relationnel. Parfois, c'est compliqué, comme lorsqu'un enfant dans un état A – « Papa, pourquoi la Lune est ronde ? » – se retrouve face à un papa dans un état E – « On s'en fout de la Lune. Allez viens, on va jouer à la tablette ». Dans ce cas, l'enfant a en face de lui un enfant et le parent a en face de lui un adulte. De la même manière, un enfant peut se comporter en parent persécuteur en disant à sa mère « Va me chercher mon cartable. Dépêche-toi » et sa mère, en y allant, se positionne en enfant soumis, même si elle le fait en pensant bien faire. Et si le père dit à son fils d'un ton autoritaire « Non mais dis-donc, tu te prends pour qui ? Ta mère ce n'est pas la bonne », il se mettra en P et s'adressera à son fils en le mettant en E. Si l'enfant est rebelle, cela peut partir en conflit. Ce qui est important de savoir c'est que si vous vous mettez dans l'état du moi A, vous éviterez de rentrer dans les conflits car ici, les émotions ne sont pas présentes.

Exemple 1 : la maman désamorce un conflit potentiel

Enfant : « Tu es méchante, je t'aime pas. » Il se met dans l'état du moi parent persécuteur et essaie de mettre sa maman dans l'état du moi enfant pour la rabaisser.

Mère : « Tu as le droit de le penser. Tu as autre chose à me dire ? Je t'écoute. » Elle se met en état du moi adulte et s'adresse à l'état du moi adulte de l'enfant, ce qui va le surprendre. Elle évite de partir dans les émotions et donc évite un conflit.

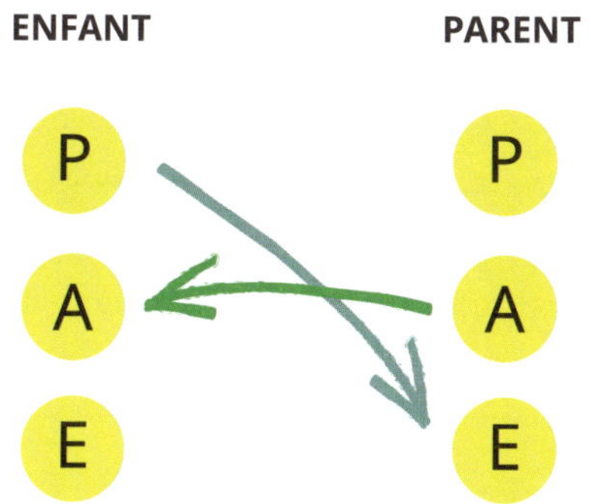

Exemple 2 : la maman nourrit le conflit

Enfant : « Tu es méchante, je t'aime pas. » Il se met dans l'état du moi parent persécuteur pour rabaisser sa mère et la mettre dans un état du moi enfant.

Mère : « Toi aussi tu es méchant et moi non plus je ne t'aime pas. » La mère utilise le même mode de communication que l'enfant en répondant en état du moi parent : elle se met en état du moi parent et s'adresse à l'état du moi enfant de l'enfant. En provoquant sa mère, l'enfant s'attend à une réaction assez violente de sa part, ce qui lui permettra de lui reprocher encore des choses et de partir dans le conflit. La maman s'est fait avoir.

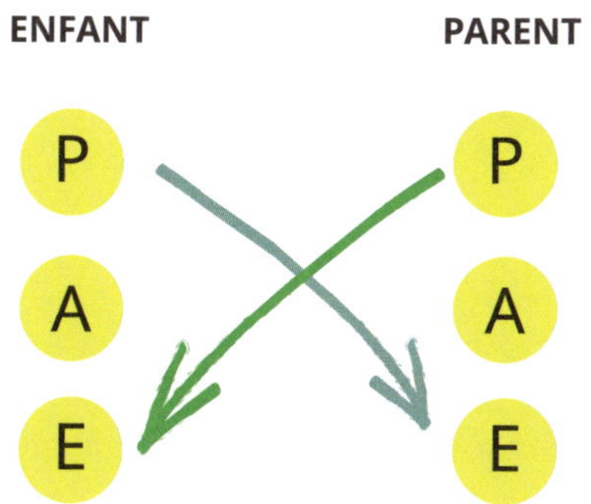

ACTIVITÉ

QUI A RAISON ?

Beaucoup de disputes quotidiennes entre parents et enfants viennent du fait que tout le monde veut avoir raison. Voici une manière simple de relativiser.

Quand votre enfant veut avoir raison et vous aussi, regardez ensemble les deux images et entourez votre réponse aux questions.

Regarde bien cette image. Quel animal vois-tu ?

Est-ce un lapin ? ☐ Oui ☐ Non Est-ce un canard ? ☐ Oui ☐ Non

RÉPONSES

On peut voir les deux animaux. Les oreilles du lapin correspondent au bec du canard. Ce dessin a été créée par le psychologue américain Joseph Jastrow.

Conclusion : tout le monde veut avoir raison, mais tout le monde a tort parce que tout le monde a raison ! Souvent les gens se disputent parce qu'ils veulent tous prouver aux autres que ce sont eux qui ont raison. Mais quelle perte d'énergie, puisque tout le monde a raison. C'est notre vision à nous qui est différente de celle des autres.

Les signes de reconnaissance

Les enfants ont besoin de signes de reconnaissance pour exister. S'ils ne reçoivent pas de signes de reconnaissance positifs, ils iront chercher des signes de reconnaissance négatifs, ce qui est tout à fait néfaste pour eux. Une jeune adolescente m'a dit un jour : «Je préfère être tapée par mes parents plutôt que de ne pas exister à leurs yeux. C'est la seule façon que j'ai trouvée pour qu'ils s'intéressent à moi. Alors je les pousse à bout.» Pour ces enfants, l'essentiel c'est d'avoir des signes de reconnaissance qu'ils soient positifs ou non.

Les signes de reconnaissance positifs

Parmi les signes de reconnaissance positifs on distingue les signes de reconnaissance positifs conditionnels et les signes de reconnaissance positifs inconditionnels.

• Les signes de reconnaissance positifs conditionnels

Par exemple : «Tu as bien travaillé», «Tu sais faire plein de choses», «Tu joues super bien au foot», etc. Ces mots font très plaisir aux enfants qui les reçoivent. En les utilisant vous valorisez vos enfants, ils ont alors envie de vous faire plaisir et de faire encore mieux.

• Les signes de reconnaissance positifs inconditionnels

Par exemple : «Je t'aime», «Tu as un joli sourire», «Tu es intelligent», «Tu es quelqu'un de bien», etc. Ces mots vont droit au cœur. Les enfants qui les reçoivent ont confiance en eux.

Les signes de reconnaissance négatifs

De la même manière, on distingue les signes de reconnaissance négatifs conditionnels et inconditionnels.

• Les signes de reconnaissance négatifs conditionnels

Par exemple : «Tu travailles mal», «Tu ne sais rien faire», «Tu es vraiment nul au foot», etc. Ces mots blessent les enfants qui les reçoivent. L'enfant se sent dévalorisé dans ce qu'il fait et aura tendance à baisser les bras, à ne plus rien faire ou à échouer dans tout ce qu'il fera... sans comprendre pourquoi.

• Les signes de reconnaissance négatifs inconditionnels

Par exemple : "Tu es un imbécile », « Tu es un petit con », « Tu es vraiment nulle », etc. Ces mots sont des toxines qui vont droit au cœur, un poison qui tue à petit feu les enfants qui les reçoivent. L'enfant se sent humilié, sans aucune valeur, bon à rien. On détruit un enfant, on le brise.

Si vous donnez des signes de reconnaissance positifs à votre enfant et qu'il se dévalorise malgré tout, il est important de savoir pourquoi. A-t-il été blessé par ailleurs ? A-t-il avantage à se dévaloriser pour se positionner en victime et attirer à lui des sauveurs ? A-t-il des fausses croyances sur lui-même ?

Le point de vue de…

Lola, maman de Lucie (7 ans)

Quand je refusais d'acheter quelque chose à ma fille, que je lui disais non, elle me disait des mots qui me blessaient : « Tu es méchante, je ne t'aime plus. » J'avais peur qu'elle ne m'aime plus et je me demandais si j'étais une bonne maman. Maintenant, j'ai compris que ce n'est pas moi qu'elle n'aime pas. C'est ce que je lui disais.

Le point de vue de…

Gabin, 12 ans

Hier, à l'école, je voulais jouer au foot et un grand, un troisième, ne voulait pas que je joue goal. Il est venu vers moi et il m'a dit : « Dégage, t'es nul au goal. Tu es une sale merde. » J'ai tout de suite pris mon stylo et une feuille de mon petit carnet et j'ai noté ses gros mots. Il m'a dit : « Qu'est-ce tu fais ? » Et il m'a arraché la feuille des mains. Il a lu ses gros mots, a déchiré la feuille puis il l'a lancée et il est parti. Et j'étais trop content. Juste après, un copain m'a dit : « Eh Gabin, viens, on a besoin de toi au foot. » J'ai fait un super match.

BON À SAVOIR

CODE DE CONDUITE

Dans son livre *Les Quatre accords toltèques*, Don Miguel Ruiz enseigne le code de conduite suivant :

• **Que votre parole soit impeccable :** ne dites que ce que vous pensez vraiment. N'utilisez pas la parole contre vous, ni pour médire d'autrui. La parole est un outil qui peut détruire, prenez conscience de sa puissance et maîtrisez-la. Pas de mensonge, ni de calomnie.

• **Ne réagissez à rien de façon personnelle** : ce que les autres disent sur vous et font contre vous n'est qu'une projection de leur propre réalité, de leurs peurs, de leurs colères. Si quelqu'un vous insulte, c'est son problème, ce n'est pas le vôtre. Ne le prenez pas mal et ne vous remettez pas en question pour autant.

• **Ne faites aucune supposition, aucune hypothèse de probabilités négatives** pour finir par y croire comme si cela était une certitude. Par exemple si une personne arrive en retard, vous pensez qu'il lui est arrivé un accident. Si vous ne savez pas, renseignez-vous au lieu de vous convaincre de vos propres peurs.

• **Faites de votre mieux** : il n'y a pas d'obligation de réussir. Il n'existe qu'une seule obligation, celle de faire au mieux. Si vous échouez, évitez de vous juger, de vous culpabiliser et d'éprouver des regrets. Essayez d'utiliser de manière optimale vos capacités personnelles. Soyez indulgent(e) avec vous-même. Acceptez de ne pas être parfait(e).

« Il ne faut pas compter les paroles, il faut les peser. »
Proverbe israélien

ACTIVITÉ

LE JEU DES STROKES

En analyse transactionnelle, on appelle strokes les signes de reconnaissance. Il est important que vous et votre enfant puissiez vous en donner mutuellement.

L'objectif de ce jeu est de se donner mutuellement des signes de reconnaissance positifs.

Déroulement du jeu

Asseyez-vous l'un en face de l'autre. Donnez à votre enfant un signe de reconnaissance positif. Par exemple : « Ce que j'aime chez toi, c'est que tu es serviable. » Puis c'est au tour de votre enfant, qui lui aussi doit vous donner un signe de reconnaissance positif. Par exemple : « Moi ce que j'aime chez toi, c'est quand tu me fais des gâteaux au chocolat. » Et ainsi de suite. Celui qui n'en trouve plus a perdu !

Parent : ....

....

Enfant : ....

....

Parent : ....

....

Enfant : ....

....

Parent : ....

....

Enfant : ....

....

Parent : ....

....

Enfant : ....

....

Parent : ....

....

Enfant : ....

....

Parent : ....

....

Enfant : ....

....

Parent : ....

....

Enfant : ....

....

4 Il n'est pas comme je veux

Enfant réel

Enfant imaginaire

Tolérance

Enfant miroir

Paraître

Enfant symptôme

Ego

Déception

Grandir

Accepter

ACCEPTER LA RÉALITÉ

SOYEZ TOLÉRANT(E)

Vous attendez un enfant et vous l'imaginez déjà, mais il ne correspondra pas forcément à vos désirs. Il n'aura peut-être pas du tout envie de reprendre l'entreprise familiale ou de faire de la moto comme vous en auriez eu envie. C'est là une réalité à laquelle vous vous retrouverez confronté à la naissance mais aussi tout au long de la vie. Vous pouvez la nier mais elle sera toujours là, en face de vous. Il y a vos désirs et la réalité. Alors oui, parfois la réalité dérange, elle est insoutenable, inacceptable voire intolérable : « Si mon fils ne reprend pas l'entreprise familiale, ce serait pour moi comme s'il reniait sa famille. »

Être tolérant envers votre enfant, c'est l'accepter tel qu'il est et non tel que vous aimeriez qu'il soit. C'est aussi respecter sa liberté, sa façon de penser, d'agir, ses idées.

La tolérance vous aide à grandir, à voir au-delà de votre regard et à avoir de la compassion pour autrui. Elle vous aide à aimer l'autre tel qu'il est et à développer la qualité de cœur que vous avez en vous. La compassion vous permettra d'être plus à l'écoute de la souffrance éventuelle de votre enfant, et ainsi d'être plus à même, par amour, de l'aider.

Sortir de la culpabilisation

Pourquoi en tant que parent n'arrivez-vous pas parfois à être tolérant ? Tout simplement parce que vous réagissez par peur au lieu d'agir avec votre cœur. Par peur de l'inconnu, de la différence, de ne pas pouvoir contrôler votre enfant dans ce qu'il est, comme si vous ne pouviez rien maîtriser, comme si tout vous échappait. Et cette peur du jugement, parlons-en... Que pensez-vous que les gens se disent ? Que vous élevez mal votre enfant ? Que vous n'êtes pas un bon parent parce qu'il a du retard à l'école, qu'il est malpoli, qu'il est grassouillet, qu'il est feignant, etc. ? Vous n'êtes pas responsable de ce que croient les gens ! Laissez-leur ce qui leur appartient, vous en avez bien assez pour vous.

Beaucoup de parents voudraient avoir le contrôle sur leur enfant, sur sa vie, le but – conscient ou non – étant de le modeler pour qu'il corresponde à leurs attentes et qu'ils en soient fiers. Si vous n'acceptez pas votre enfant tel qu'il est, vous risquez de *vous culpabiliser* en vous disant que c'est à cause de vous s'il est comme cela, de *le culpabiliser* en lui disant que c'est à cause de lui s'il est comme cela. Par exemple : « C'est à cause de toi si tu as de mauvaises notes ! Tu remues tout le temps sur ta chaise quand tu fais tes devoirs. » L'enfant, lui, ne sait pas pourquoi il bouge, mais ce qu'il sait, c'est que c'est plus fort que lui.

Pour sortir de ce schéma infernal de culpabilisation, il serait beaucoup plus profitable pour vous de faire uniquement ce que vous pouvez faire, en tant que parent, pour aider votre enfant. Parfois, il suffit de déléguer à un spécialiste de l'enfant (psychologue, psychomotricien, etc.) pour comprendre ensemble les raisons pour lesquelles son corps a besoin de bouger. Vous n'aurez alors rien à vous reprocher. L'enfant fera de son côté un travail sur lui avec un professionnel.

Pensez à faire uniquement votre part à vous : vos 50 % de la relation. Ce sera à l'enfant de faire, à son tour, sa part à lui : ses 50 % de la relation. Ce sera beaucoup plus agréable et constructif pour tout le monde :

- de vous responsabiliser au lieu de vous culpabiliser ; on n'est responsable que de sa part à soi : seuls 50 % de la relation vous appartiennent ;

- de le responsabiliser au lieu de le culpabiliser ; il est responsable de sa part à lui : 50 % de la relation lui appartiennent.

BON À SAVOIR

L'ENFANT RÉEL, L'ENFANT IMAGINAIRE

L'**enfant réel** est l'être qui va naître qui existe réellement avec son corps, son âme, sa personnalité, ses émotions et sentiments, ses réactions. L'**enfant imaginaire** est celui que les parents avaient imaginé avant même qu'il naisse, parfois même bien avant sa conception. C'est un enfant idéal, parfait, selon les croyances et les attentes de chaque parent ; il a été conçu dans la tête. C'est l'enfant que l'on aimerait avoir ou que l'on aurait eu envie d'avoir, et souvent que l'on aurait aimé être. Il ne meurt jamais.
Chaque parent a un enfant imaginaire et un enfant réel. Plus l'enfant imaginaire s'éloigne de l'enfant réel et plus il y a de déceptions chez les parents. Or la vie est une succession de petites naissances : bébé, enfance, adolescence, âge adulte, personne âgée. L'enfant réel grandit et l'enfant imaginaire aussi. Alors imaginez la déception, quand, adolescent, les parents se retrouvent face à la réalité :

- le papa est très sportif, l'enfant non (mais alors pas du tout) ;
- le papa est très travailleur, l'enfant non (mais alors pas du tout) ;
- les parents voulaient que leur fils soit ingénieur, il veut être agriculteur.
- la maman voulait une fille parce que les filles sont sages, sa fille est turbulente ;
- le papa voulait un garçon, il a une fille.

Vous imaginez bien aussi la déception des enfants qui voudraient faire plaisir aux parents, mais qui n'y arrivent pas, avec cette peur constante de ne plus être aimés. La déception est d'autant plus grande que vos enfants vous aiment.

ACTIVITÉ

PARENT RÉEL/PARENT IMAGINAIRE, ENFANT RÉEL/ENFANT IMAGINAIRE

Cet exercice va vous permettre de mieux comprendre la façon dont chacun voit l'autre et comment il aimerait qu'il soit, la façon dont chacun se voit et comment il aimerait être.

L'enfant pose les questions au parent

Comment tu te vois en tant que maman (ou papa) ?

....

....

Comment tu aimerais être en tant que maman (ou papa) ?

....

....

Le parent pose les questions à l'enfant

Comment tu te vois en tant qu'enfant ?

....

....

Comment tu aimerais être en tant qu'enfant ?

....

....

L'enfant pose les questions au parent

Comment tu me vois en tant qu'enfant ?

....

....

Comment tu aimerais que je sois en tant qu'enfant ?

....

....

Le parent pose les questions à l'enfant

Comment tu me vois en tant que maman (ou papa) ?

....

....

Comment tu aimerais que je sois en tant que maman (ou papa) ?

....

....

Qu'est-ce que cet exercice vous aura permis de comprendre sur vous et sur votre enfant ? Êtes-vous surpris(e) ? Rassuré(e) ? Étonné(e) ? Posez la question à votre enfant : « Est-ce que tu pensais que ta maman (ou ton papa) te voyait de cette façon-là ? Est-ce que tu penses pouvoir répondre aux désirs de ta maman (ou ton papa) quand il te dit ce qu'il aimerait que tu sois ? Si non, parlez-en et dis-leur pourquoi.

Et vous, est-ce que vous pensiez que votre enfant vous voyait de cette façon-là ? Est-ce que vous pensez pouvoir répondre aux désirs de votre enfant quand il vous dit ce qu'il aimerait que vous soyez ?

Le point de vue de...

Jérôme, papa de Lucas (8 ans)

Quand j'avais 8 ans, l'âge de mon fils maintenant, je voulais faire du foot et mon père voulait que je fasse du rugby. Mais j'avais horreur du rugby. Je pleurais à chaque fois que je devais y aller. Il m'a obligé à en faire pendant trois ans. Ma mère n'a jamais rien dit. Mes parents ne m'ont pas entendu dans mes désirs tellement ils voulaient que je rentre dans leurs désirs à eux. Alors Lucas, mon fils, choisira lui-même ce qu'il veut faire. Il n'y a que lui qui sait ce qui est bon pour lui.

LES ENFANTS FONT GRANDIR LEURS PARENTS

Par leurs comportements et leurs attitudes, les enfants viennent bousculer les désirs et les croyances de leurs parents. Ce faisant, ils les font grandir. Eh oui, ce sont les enfants qui font grandir leurs parents. Comme à l'école vous allez apprendre, et tant que vous n'aurez pas compris, la vie vous fera revivre des situations similaires. Si votre enfant n'aime par exemple pas du tout le sport et que vous le forcez à être sportif, il risque de se mettre en échec et de vous mettre en échec. Vous pouvez vouloir qu'il pratique un autre sport, mais si, au fond de lui, il n'est pas sportif il va se remettre en échec et vous y remettre par la même occasion. En revanche, si vous prenez le temps de l'entendre, vous pourrez peut-être vous rendre compte qu'il est un fabuleux musicien. Inutile de vous demander de recopier cinquante fois «Je dois accepter mon enfant tel qu'il est et non tel que j'aimerais qu'il soit», vous devez en faire l'expérience.

Vous avez besoin de vous décentrer de vos croyances afin de vous mettre à la place de votre enfant. Comprendre et ressentir ce que votre fils ou votre fille peut bien éprouver dans son corps, dans son cœur et dans sa tête quand il n'arrive pas à rentrer dans le moule. Sinon tout le monde s'énerve et personne n'y arrive : comment voulez-vous faire rentrer un rond dans un carré ? C'est ce que l'on apprend à la maternelle : on met le rond dans le rond et le carré dans le carré. Redisons-le :

• Beaucoup de parents veulent faire rentrer leurs enfants dans un moule qui ne correspond pas du tout à l'être de l'enfant, à ce pourquoi il est fait.

• Beaucoup d'enfants souffrent de vouloir essayer de faire plaisir à leurs parents en essayant de rentrer dans cette espèce de moule qui ne leur correspond pas. Ils font « sang blanc », jusqu'au jour où tout explose.

Le point de vue de...

Pierre, 12 ans

Mes parents voulaient que je fasse du violon. Ils disaient que c'était un bel instrument. Mon père en faisait et pour lui c'était important que j'en fasse. Il me disait : « Tu vas voir, c'est magnifique le violon, il faut que tu essaies. » Moi je détestais ça, je voulais faire de la danse. Je n'y suis jamais arrivé, à jouer du violon, et j'avais tout le monde sur mon dos. J'avais l'impression de décevoir toute ma famille. Ils ont enfin compris le jour où j'ai fugué avant d'aller à mon cours ; ils ont eu peur.

L'enfant symptôme

Les enfants portent le symptôme de leurs parents, de leurs grands-parents et de leurs arrière-grands-parents. Si je peux vous éclairer, vous y verrez mieux. Si les parents n'ont pas réglé un problème, il y a de fortes chances que les enfants le revivent afin de le dépasser – ou pas. Je vous donne l'exemple de cette petite fille de 8 ans qui est venue en consultation parce que tout le monde se moquait d'elle à l'école parce qu'elle était grassouillette. La maman fit le lien qu'elle aussi, au même âge, avait souffert de moqueries. Certaines familles vivent ainsi de génération en génération les mêmes blessures d'humiliation.

Voici encore l'exemple de cette fillette de 6 ans qui avait de profondes angoisses quand sa maman l'amenait à l'école. Elle pleurait, ne voulait pas y aller, sans pouvoir l'expliquer. Elle avait peur que sa maman l'abandonne. Mais pourquoi puisque tout allait bien ? Cette fillette ne savait pas qu'au même âge sa maman avait perdu sa propre maman qui était morte brutalement. Elle s'était sentie abandonnée. Et si on remonte encore plus haut dans les générations, la grand-mère avait été réellement abandonnée au même âge. Certaines familles vivent des blessures d'abandon. Les enfants en portent le symptôme sans le savoir.

Je retrouve ainsi dans les familles, de génération en génération, les mêmes souffrances sans que personne ne connaisse l'histoire familiale, même si tout est enfoui, sous forme de non-dit, dans des secrets de famille. Je retrouve les mêmes blessures non soignées : parfois ce sont des blessures de rejet, de trahison, d'injustice. Il est donc important de vous pencher sur vos propres blessures pour mieux aborder celles de vos enfants.

Le point de vue de...

Alexandre, 25 ans

Je suis homosexuel et j'ai fait cinq tentatives de suicide entre l'âge de 20 et 24 ans. Non pas parce que je suis homo mais parce que je n'arrivais pas à le dire à mes parents par peur d'être rejeté. Quand mon père parlait des homos, il les traitait de « pédés ». Il me faisait honte ; c'est moi qui avais honte d'avoir un père comme lui. Je voulais être ce qu'il n'était pas : fier de moi. Un beau jour, je me suis lancé et je lui ai dit que j'étais heureux, que j'étais amoureux d'un homme qui m'aimait, m'écoutait et me respectait. Je lui ai dit que je savais que dans la famille il y avait des choses cachées en lien avec la sexualité que tout le monde étouffait. Son frère était homo et à 50 ans il se cachait encore. Mon père avait une vie sexuelle en parallèle et il s'en cachait. J'ai dit tout ce que je gardais en moi. Il ne savait pas que je savais. Il s'est effondré. C'est parce qu'il avait honte de lui qu'il voulait que j'aie honte de moi. En osant être moi, j'ai trouvé la clé pour nous libérer tous les deux. Je suis fier de moi, et tellement heureux de vivre ma nouvelle vie en pleine lumière.

Il est important de savoir que les enfants vont, un jour ou l'autre, réveiller les blessures cachées de l'histoire familiale. Ce sera toujours dans un but de guérison familiale, même si personne n'en a conscience. Un jour ou l'autre, il y aura toujours quelqu'un qui fera un travail de réparation familiale. C'est comme si les enfants mettaient les pieds dans le plat sans même le savoir. Au lieu de les remercier, on leur en veut d'être comme ça. Remerciez vos enfants, ils vous ouvrent les yeux !

L’enfant miroir

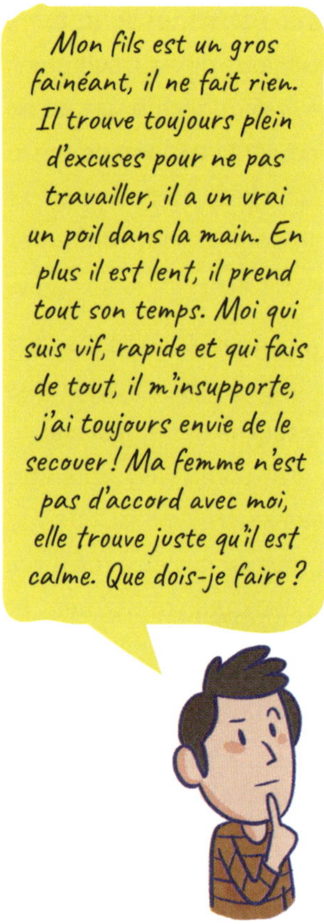

VOTRE REFLET

Sachez que les qualités de votre enfant que vous croyez être des défauts viennent vous titiller pour vous renvoyer ce que vous ne supportez pas chez lui, c’est-à-dire chez vous : prendre le temps de ne rien faire ! Prendre le temps de vivre ! Alors que vous, vous êtes en hyperactivité, à courir partout, à vous épuiser pour finir par être énervé. Est-ce que vous vous êtes posé la question : pourquoi cela ne dérange que vous et pas votre femme ? En quoi l’attitude de votre fils vous dérange, vous ? En fait, ce que vous reprochez à votre enfant, c’est une part de vous que vous ne supportez pas. Vous ne vous autorisez pas ce que votre enfant s’autorise et c’est insupportable : prendre le temps de ne rien faire, de se poser, de se reposer, d’être inactif, parce que si vous le faisiez, vous auriez peut-être peur d’être traité de fainéant, d’incompétent, de ne plus exister aux yeux des autres et de ne plus être aimé.

Eh oui, votre enfant est votre miroir et vous renvoie votre propre image. S’il a les mêmes qualités que vous, vous allez vous voir en lui et vous dire : « Quand je le vois, je me vois. » Parce que vous trouvez qu’il vous ressemble. Vous ne pensiez pas si bien dire parce que vous parliez de vous, sans même le savoir. Il réveille la qualité que vous avez en vous et dont vous êtes fier. Il vous renvoie cette partie de vous que vous aimez, et cela vous touche. En revanche, parfois vous ne le supportez pas. Par exemple quand il se met en colère et qu’il ne fait pas ce que vous voulez. Et là, vous ne vous voyez pas en lui malgré tout ? Quand vous êtes en colère parce qu’il ne fait pas ce que vous voulez ? Vous n’avez pas l'impression de vous voir ? En fait, vous ne vous reconnaissez pas quand votre enfant fait quelque chose qui vous déplaît et pourtant, là encore, il est votre reflet. Votre enfant est le reflet de ce que vous acceptez en vous et de ce que vous n'acceptez pas de vous.

Si vous vous sentez coupable de ne rien faire, il y a de fortes chances pour que vous culpabilisiez votre enfant de ne rien faire. Votre enfant, qui vous énerve dans son attitude, agit comme vous le feriez si vous vous laissiez aller. Que veut-il vous dire à travers son comportement ? Il est là pour vous aider en vous interrogeant : « À quoi cela sert de ne faire que travailler, la tête dans le guidon, si c'est pour passer à côté de la vie, de nous, sans même nous voir. » Son dysfonctionnement sera à la hauteur du vôtre et parfois dans les extrêmes. Vos enfants sont précieux, prenez en soin. Ils sont là, pour vous aider à devenir conscient de ce que vous ne voulez pas voir en vous.

Votre enfant est là pour vous réveiller. Dring ! Dring ! Mais comment avoir envie d'ouvrir les yeux surtout pour entendre de bon matin vos enfants crier : « Eh oh, papa, je suis là ! Toi, tu cours partout et moi je suis là, je t'attends. L'heure tourne, le temps avance et après tu cours toujours après le temps, tandis que moi je t'attends. J'aimerais être avec toi. » Votre enfant est là pour vous aider à sortir de vos fausses croyances et de vos peurs : « Plus je travaille, je cours partout, je fais de choses et plus je vais être reconnu, admiré et aimé. » Attention, vous risquez de passer à côté de ceux qui vous aiment et que vous aimez !

Vous accepter pour l'accepter

Comment l'aimer et l'accepter tel qu'il est ? Ce n'est pas compliqué. Regardez votre enfant et voyez en lui votre peur à vous : celle de ne pas exister, de ne pas être aimé. Et voyez ce que votre enfant voit en vous, sa peur à lui : celle de ne pas exister, de ne pas être aimé. Vous avez les mêmes intentions parce qu'il est votre miroir : en étant qui il est, en ayant l'attitude qu'il a, avec ses qualités et ses défauts, son intention est de vous ramener dans l'amour de vous-même pour vous montrer le chemin qui mène à son cœur. Votre enfant vous montre votre propre dysfonctionnement avec vos qualités et vos défauts, et vos peurs qui vous ont empêché d'être... avec lui. En vous aimant et en vous acceptant tel que vous êtes, avec vos qualités et vos défauts, vous pourrez l'aimer en l'acceptant avec ses qualités et ses défauts. Remerciez vos enfants, ils vous font retrouver la vue, quand vous n'y voyez plus.

Les 5 questions miroir

Vous pouvez répondre à ces quelques questions pour vous aider à mieux comprendre pourquoi c'est difficile pour vous quand votre enfant n'est pas comme vous aimeriez qu'il soit. Votre enfant vient réveiller la part de vous-même que vous ne supportez pas.

1. Que reprochez-vous à votre enfant ?

2. Vous le jugez d'être quoi ou comment ?

3. Quelle est la situation de votre passé où vous avez, vous aussi, été un jour comme cela ?

4. À ce moment-là, quelle était votre intention ? Sachez que votre enfant a la même intention que vous, quand vous étiez comme cela.

5. En quoi cela peut-il être bien parfois d'être comme cela ?

LAISSEZ VOTRE ENFANT ÊTRE

Votre enfant a besoin d'être reconnu et accepté dans qui il est, et non tel que vous aimeriez qu'il soit. Il a besoin d'être lui-même pour s'épanouir mais s'il cherche à vous faire plaisir pour se faire accepter et être aimé, il va s'éloigner de qui il est. C'est là qu'il va souffrir.

Se faire plaisir

Un enfant qui fait de la musique parce que vous trouvez que c'est bien pour lui, c'est-à-dire pour vous, va le faire pour vous faire plaisir mais au fond de lui, il n'en a pas envie, il veut faire du foot ! Si vous ne respectez pas son désir, il risque de vous le reprocher, de vous en vouloir. Ne vaut-il pas mieux qu'il soit champion de monde de foot plutôt que le dernier à la flûte en ne faisant que des canards. Flûte alors !

De la même manière, un enfant qui se force à manger des épinards pour vous faire plaisir ou par peur d'être grondé peut en vomir ou être dégoûté à vie de ce légume.

Vous aimeriez, vous, qu'on vous force à manger quelque chose que vous n'aimez pas ? Et vous feriez quoi si votre conjoint(e) vous disait « Si tu ne manges pas tes épinards, on n'ira pas au cinéma » ? On se retrouve dans le chantage affectif où l'enfant va devoir subir, ne pas se respecter et ne pas respecter son corps pour avoir droit à quelque chose qu'il aime. En voulant faire plaisir pour être aimé, il va s'éloigner de qui il est. Or vous devez l'aider à s'épanouir en lui expliquant qu'il est important de se respecter, parce qu'il n'y a que lui qui sait ce qui est bon pour lui. À vous de l'entendre.

Être

Plus l'enfant est petit, plus il est dans l'être. Plus il grandit et plus il s'éloigne de son être pour la plupart du temps, à l'âge adulte, se retrouver dans le paraître. Quel dommage. Il se construit sur une image de ce qu'il croit que ses parents voudraient qu'il soit ou fera l'inverse par réaction. En consultation, je reçois ces enfants qui ont grandi et qui sont maintenant des adultes en pleine crise du milieu de la vie, le plus souvent entre 40 et 50 ans, avec un immense besoin de se confier, de se libérer : « Je ne sais plus qui je suis », « J'ai pourtant tout pour être heureux(se) et malgré tout, je me cherche », « Je suis perdu(e) ». Tout s'effondre et le château fort devient un château de sable.

Ces adultes qui ne savent plus qui ils sont. Sans doute des enfants qui ont grandi en cherchant à faire plaisir à leurs parents, à être parfaits pour être aimés. En disant « Je me cherche », ils cherchent en fait tout simplement leur être ; ils ont perdu leur raison d'être. La raison d'être, c'est la raison pour laquelle nous existons. Plus nous nous éloignons de notre être et moins nous comprenons pourquoi nous vivons. Il y a une différence énorme entre faire ses devoirs et aimer apprendre, entre aller au travail et être passionné par son travail. Si l'on vit par contrainte et obligation, le corps n'a pas de vie car il n'a pas d'envie. On fait pour « faire » et non par « plaisir de faire ». Vous pouvez aider vos enfants à être heureux dans leur vie, à prendre du plaisir à faire ce pourquoi ils sont faits. Pour être heureux ils ont besoin d'être en accord entre ce qu'ils disent, ce qu'ils pensent, ce qu'ils ressentent, ce qu'ils font et qui ils sont. Les enfants ne connaissent pas leur raison d'être, ils n'en ont pas encore conscience. C'est au fur et à mesure qu'ils vont grandir qu'ils vont le découvrir (dans la passion de ce qu'ils font) ou pas, dans le plaisir qu'ils auront pour faire les choses ou pas. À vous de guider votre enfant vers son chemin de vie en lui posant ces questions : « Tu aurais besoin de quoi pour être heureux ? » ; « Qu'est-ce que tu aimes le plus en toi ? » ; « Qu'est-ce que tu aimes le plus faire dans ta vie ? ».

ACTIVITÉ

VOTRE RAISON D'ÊTRE

Voici un exercice conçu par le Dr Nicolas Proupain et qui pourrait peut-être vous aider à mieux comprendre et trouver votre raison d'être.

Répondez spontanément aux trois questions qui suivent. Ne réfléchissez pas ! Notez tous les mots qui vous viennent.

1. Ce que j'aime le plus faire dans la vie :

....

....

....

....

2. Ce que j'aime le plus en moi :

....

....

....

....

3. Si j'avais des pouvoirs magiques et que je pouvais réaliser trois vœux, qu'est-ce que je ferais pour améliorer le monde :

....

....

4. Complétez les phrases qui suivent en utilisant les trois mots qui vous parlent le plus dans les trois questions précédentes.

Mon but dans la vie est de (notez les trois mots de la question 1) :

En utilisant (notez les trois mots de la question 2) :

Pour que le monde soit (notez les trois mots de la question 3) :

5. Écrivez à présent la phrase complète ainsi formée :

Ça roule pour toi ?

Votre enfant ne peut pas être heureux s'il s'éloigne de qui il est. Pour être heureux, il a besoin d'être en accord entre ce qu'il dit, ce qu'il pense, ce qu'il ressent, ce qu'il fait et qui il est. À vous de le guider vers son chemin de vie. En attendant qu'il trouve sa raison d'être, est-ce que dans sa vie, ça roule ? Est-ce qu'il rayonne ou pas ? Cet outil va vous permettre de voir où il se situe dans le domaine familial et scolaire.

Sur la fiche détachable disponible en fin d'ouvrage, vous trouverez un vélo. Demandez-lui de colorier en vert les rayons du centre jusqu'à la périphérie, sachant que :

1 = Je suis très heureux.

2 = Parfois je suis heureux, parfois non.

3 = Je ne suis pas heureux.

Est-ce qu'il est très heureux en famille mais pas du tout à la récréation ? S'il n'est pas heureux, demandez-lui par exemple : « De quoi aurais-tu besoin pour être heureux à la récréation ? »

Vivre

Plus votre enfant se rapprochera de qui il est et plus il sera heureux et vivra pleinement sa vie. Il se sentira guidé, accompagné de façon bienveillante vers son chemin qui est le sien. Faire semblant d'être heureux par peur de ne pas être aimé n'est pas vivre : c'est survivre. Et survivre conduira les enfants à avoir une base de personnalité avec deux faces différentes et opposées afin de se respecter malgré tout. Ils auront ce côté mi-ange, mi-démon : « Devant, je fais ce que tu attends. Une fois le dos tourné, je fais ce qu'il me plaît. » Ce sont des enfants qui peuvent être adorables à l'école et terribles à la maison, ou l'inverse. Ils vont mentir, cacher, tricher et se débrouiller pour ne pas se faire prendre.

Certains enfants n'arrivent pas à être heureux parce que quoi qu'ils fassent, cela ne va jamais ; quoi qu'ils disent, ils ne se sentent jamais entendus et leurs besoins sont toujours niés. Ne se sentant pas aimés, ils retournent la colère contre eux. Ils sont malheureux. Ils n'arrivent pas à être heureux, or au fond d'eux, ils pourraient l'être. Et s'ils commençaient par s'aimer avec leur propre cœur ? En modifiant la peur de ne pas être assez ce qu'ils croient être. Peur de ne pas être assez beau, intelligent, compétent…

L'être et l'ego

L'être, c'est l'essence même de qui l'on est; la nature véritable de soi. L'**ego** est la représentation que l'on a de soi, l'idée que l'on se fait de soi-même. Un peu comme une fausse identité qui fait écran à notre vraie nature, une partie de nous qui prendrait le pouvoir sur nous en nous faisant croire tout et n'importe quoi : « Tu n'es pas capable d'être quelqu'un de bien », « Tu ne vaux rien », « Tu ne trouveras jamais de travail, le travail c'est pour les gens bien ». Quand l'ego grandit et nous envahit, nous nous éloignons de qui nous sommes. C'est comme une voix intérieure qui pourrait ressembler à la voix de nos parents. L'être peut alors disparaître, laissant la place à ce monstre intérieur qu'est l'ego.

Ne nourrissez pas l'ego de votre enfant en lui faisant croire qu'il n'est pas capable, qu'il n'est pas quelqu'un de bien ou d'intelligent. L'ego est une fausse identité, un autre personnage que soi qui jouerait un rôle comme un acteur au cinéma. À trop jouer ce rôle, on croit être ce personnage, on peut le devenir en oubliant qui l'on est. Voilà pourquoi quand ces enfants ont grandi, à la crise du milieu de la vie, en s'éloignant petit à petit de qui ils sont, ils ne savent plus qui ils sont. Dans les milieux difficiles, les enfants commencent très tôt à croire être ce qu'ils ne sont pas.

> « Ou bien parais tel que tu es, ou bien sois tel que tu parais. »
> *Djalal al-Din Rumi*

BON À SAVOIR

LES DRIVERS

Les drivers sont les messages parentaux que vous envoyez et qui, à force d'être répétés régulièrement, influencent inconsciemment le comportement de vos enfants et conditionnent leur vie. Il en existe cinq.

1. Sois parfait. Les parents voudraient que leurs enfants soient parfaits. C'est toujours dans le but de bien faire mais l'enfant peut ressentir de la peur de ne pas être à la hauteur, de ne pas y arriver. En ressentant une exigence trop élevée, il risque de ressentir une insatisfaction permanente.

2. Fais plaisir. Si l'enfant doit toujours faire plaisir aux autres pour être aimé, il peut ressentir de la peur de décevoir l'autre s'il ne fait pas ce qui lui est demandé et oublier ses propres besoins. Il aura du mal à dire non, se sentira coupable s'il déçoit l'autre.

3. Sois fort(e). En envoyant ce message, les parents demandent à leur enfant de ne pas écouter ses émotions, de les occulter. « Un garçon, ça ne pleure pas », par exemple. En grandissant, l'enfant privilégiera les rapports de force et aura du mal à déléguer. Il pensera qu'avec la force il obtiendra tout ce qu'il veut.

4. Fais des efforts. L'enfant à qui l'on envoie continuellement des messages comme « Il faut que tu travailles beaucoup pour être le meilleur », ou « Tu dois faire la bise aux gens même si tu ne les aimes pas » se sent toujours le devoir de faire des efforts. Il aura du mal plus tard à être dans le plaisir. C'est épuisant de toujours se forcer à faire les choses ! Il pensera qu'il ne pourra jamais rien obtenir facilement.

5. Dépêche-toi ! Les parents sont dans la course permanente : « Tu as vu l'heure ? Dépêche-toi ! » L'enfant se sent toujours stressé, oppressé, à devoir aller tout le temps vite, et il a du coup tendance à s'éparpiller. On retrouve des enfants impatients qui vont toujours vite sans pour autant bien faire les choses. Ils n'arrivent plus à vivre l'instant présent.

ACTIVITÉ

VOS DRIVERS

Voici un exercice qui va vous permettre de déterminer vos drivers et de les transformer en messages positifs.

1. Cochez les drivers que vous envoyez le plus souvent à votre enfant.

☐ Sois parfait(e). ☐ Fais-moi plaisir.

☐ Sois fort(e). ☐ Fais un effort. ☐ Dépêche-toi!

2. Notez des exemples de situations où vous leur envoyez ce style de messages.

Sois parfait(e) : ....

....

Fais-moi plaisir : ....

....

Sois fort(e) : ....

....

Fais un effort : ....

....

Dépêche-toi ! : ....

....

3. Reliez le bon driver avec la phrase positive qui lui correspond :

Sois parfait(e) 1	A Prends ton temps
Fais-moi plaisir 2	B N'hésite pas à demander de l'aide
Sois fort(e) 3	C Fais-le avec plaisir, avec ton cœur.
Fais un effort 4	D Exprime tes émotions, tes besoins, tes envies
Dépêche-toi ! 5	E Tu as le droit de faire des erreurs

RÉPONSES : 1E, 2C, 3D, 4B, 5A.

4. Par quoi pourriez-vous le remplacer en positif la prochaine fois que vous y serez confronté(e) ?

Sois parfait(e) : ....

....

Fais-moi plaisir : ....

....

Sois fort(e) : ....

....

Fais un effort : ....

....

Dépêche-toi ! :

....

....

INSPIRATION

DITES-LUI...

Parfois je suis perdu(e), je ne sais plus

Si j'aurais dû faire ou ne pas faire

Dire ou ne pas dire

L'écouter ou m'écouter.

Je m'en veux de crier, de m'emporter

De l'avoir abaissé, rejeté, isolé

Parfois même de l'avoir tapé

A ne plus pouvoir me contrôler.

J'aurais dû lui dire

Que je l'aimais et que si je me suis emporté(e)

C'est parce qu'il ne faisait pas ce que je voulais

Parce que je croyais qu'il fallait lui imposer.

Je voulais qu'il fasse ce que Moi, je voulais

Dans l'obligation et le non-respect

De qui il est.

J'aurais dû lui dire

Que je l'aimais et que je confondais

Ce qu'il faisait

Et qui il était.

Dites-lui que vous l'aimez.

Que, parfois, vous n'êtes pas d'accord avec ce qu'il fait,

Mais que vous l'aimez.

Dites-lui que, parfois, vous n'êtes pas d'accord avec ce qu'il dit,
Mais que vous l'aimez.

Dites-lui que vous n'êtes pas là pour le contrôler.

Le contrôler, c'est lui imposer.

Mais pour le guider.

L'éclairer, c'est guider son enfant,

Pour qu'il avance sur son chemin qui est le sien.

C'est accepter que son désir puisse être différent du mien.

Parfois on croit bien faire, on veut l'aider

En lui disant ce qui est bien pour lui,

On lui dicte ce qui est bon pour nous

Et on s'éloigne de ce qui est bon pour lui.

Voilà pourquoi certains enfants s'éloignent de nous.

Prenez-le dans vos bras. Regardez-le dans les yeux.

Dites-lui une dernière chose : MERCI

De vous avoir choisi comme parent.

Car on dit que ce sont les enfants qui choisissent leurs parents.

Florence Renaux

Conclusion

J'espère de tout cœur que ce livre vous aura aidé et qu'il vous aura permis de trouver des réponses aux questions que vous vous posez en tant que parent. Peut-être aurez-vous maintenant une autre vision de votre enfant et des raisons pour lesquelles, par moment, il ne vous écoute pas.

J'espère que ce livre vous aura apporté un peu de lumière. Si aujourd'hui vous arrivez à voir votre enfant au-delà de votre regard, si aujourd'hui vous parvenez à entendre votre enfant au-delà de l'écoute, alors je serai la plus heureuse. Vous aurez trouvé les clés. Vous l'aimerez tel qu'il est.

Et n'oubliez jamais que derrière chaque colère de votre enfant, il y a toujours une peur en lui et un désir au fond de lui. Regardez les yeux de votre enfant, observez sa colère et voyez sa peur. N'oubliez jamais que ce sont les enfants qui font grandir leurs parents.

Si parfois c'est difficile pour vous, si parfois vous vous laissez emporter par vos émotions, ne vous en voulez pas. Dites-vous que vous faites du mieux que vous pouvez. Si vous avez agi comme vous l'avez fait, c'est que, pour vous, à ce moment-là, vous pensiez que c'était la meilleure solution. Sinon, vous ne l'auriez pas fait. Prenez soin de vos enfants, ils sont votre miroir. Prenez soin de vous.

Merci à vous !

Pour aller plus loin

Allais Juliette, *Guérir de sa famille. Se libérer des souffrances du passé*, Eyrolles, 2015.

Ancelin Schutzenberger Anne, *Psychogénéalogie. Guérir les blessures familiales et se retrouver soi*, Payot, 2015.

Bourbeau Lise, Les 5 blessures qui empêchent d'être soi-même, Alexandre Stanké, 2000.

Dumonteil Catherine, *Élever son enfant... autrement. Ressources pour une parentalité positive*, La Plage, 2018.

Elkaim Mony, *Comment survivre à sa propre famille*, Le Seuil, 2006.

Faber Adèle et Mazlish Elaine, *Parler pour que les enfants écoutent, écouter pour que les enfants parlent*, Éditions du Phare, 2012.

Filliosat Isabelle, *Au cœur des émotions. Comment réagir aux larmes et aux paniques*, Marabout, 2013.

Gilbert Marie, *Le Grand Guide de l'éducation constructive. Les clefs d'un bonheur durable*, Eyrolles, 2018.

Gordon Thomas, Éduquer sans punir. *Apprendre l'autodiscipline aux enfants*, Marabout, 2013.

Panafieu Aliette de, *J'aide mon enfant à grandir dans le respect*, Eyrolles, 2013.

Proupain Nicolas, *Devenez ce que vous êtes. Une méthode complète pour trouver sa voie*, ESF Éditeur, 2009.

Ruiz Miguel, *Les Quatre Accords toltèques,* Jouvence, 2016.

Salomé Jacques, *Heureux qui communique. Pour un dialogue riche et harmonieux avec les autres*, Albin Michel, 2012.

Salomé Jacques, *Contes d'errances, contes d'espérance*, Albin Michel, 2007.

Salomé Jacques, *T'es toi quand tu parles. Jalons pour une grammaire relationnelle*, Albin Michel, 1991.

Salomé Jacques, *Parle-moi... j'ai des choses à te dire. Comment vivre longtemps et heureux en couple*, Éditions de l'Homme, 1982.

Remerciements

Je voudrais remercier tous ces enfants que j'ai reçus en consultation, ainsi que leurs parents qui ont pris le temps de me les amener.

Je voudrais remercier également tous les professionnels (médecins, professeurs des écoles, orthophonistes, etc.) qui ont fait appel à moi pour les aider.

Je voudrais remercier mes parents, qui m'ont montré le chemin de l'amour. Une maman aimante, bienveillante, toujours le cœur sur la main ; un papa à l'écoute, rassurant, protecteur, toujours là pour moi, même depuis le paradis.

Je voudrais remercier mes enfants de m'avoir choisie comme maman. Avec eux on ne s'ennuie jamais, je les adore !

Je voudrais remercier mes petits-enfants : les amours de ma vie – les amours de mamie – qui me donnent envie d'écrire des livres pour eux, et pour tous les enfants.

Je garde pour la fin mon homme de cœur, que je remercie pour sa patience lorsque la nuit je me lève pour écrire, pour vous écrire.

« UN MOMENT DE PATIENCE
DANS UN MOMENT DE COLÈRE
EMPÊCHE MILLE MOMENTS DE REGRET. »

Ali Ibn Abu Talib

Cahier des activités

LE TABLEAU DES OBJECTIFS ET RÉCOMPENSES

Objectif : 7 POINTS = BRAVO !

L	M	M	J	V	S	D	Points	Objectifs	Récompense au choix *faire... ou être...*
								1	
								2	
								3	
								4	
								5	
								6	

Écrivez les objectifs au crayon à papier et entourez celui que vous vous êtes fixé : une fois celui-ci réalisé, il vous suffira de l'effacer pour écrire un nouvel objectif. Il est tout à fait possible que vos enfants demandent la même récompense pour des objectifs différents.

LA MÉDAILLE DE CHAMPION(NE)

LE DEVOIR MAISON

1. Écris ce que tu as fait et qu'il est interdit de faire, ou ce que tu as dit et qu'il est interdit de dire :

....

....

....

2. Tu vas prendre le temps de réfléchir et d'écrire les raisons pour lesquelles il est interdit de faire ce que tu viens de faire ou dire ce que tu viens de dire en 5 lignes minimum.

• Pourquoi ce que j'ai fait ou ce que j'ai dit est interdit ?

....

....

....

• Est-ce que j'aimerais que l'on me fasse ou que l'on me dise la même chose ?

☐ Oui ☐ Non

Pourquoi ?

....

....

....

• Qu'est-ce que j'aurais pu faire à la place pour gagner une récompense ?

....

....

• Qu'est-ce que j'ai compris ?

....

....

....

3. Tu dois assumer les conséquences de tes actes et donc assumer jusqu'au bout ce que tu viens de faire ou de dire.

• Quelles sont les conséquences pour moi ?

....

....

....

• Quelles sont les conséquences pour les autres ?

....

....

....

• Comment puis-je réparer mes erreurs ?

....

....

....

Tu as terminé ? Bravo. Va vite montrer ce devoir à ton papa ou ta maman pour en parler.

LES RÈGLES DE VIE DE LA MAISON

Il est interdit de...	Il est permis de...	À condition de...

Signature des membres de la famille :

QUI FAIT QUOI ?

Qui fait quoi ?	Papa	Maman	Enfant	Enfant
Aller à l'école				
Aller au travail				
Amener les enfants à l'école				
Faire les courses				
Préparer le repas				
Mettre la table				
Débarrasser				
Ranger le lave-vaisselle				
Vider le lave-vaisselle				
Balayer				
Vider les poubelles				
Fermer les volets				
Laver le linge				
Étendre le linge				
Repasser le linge				
Plier le linge				
Ranger le linge				
Passer l'aspirateur				
Faire les carreaux				
Enlever la poussière				
Faire les comptes				
Faire le plein d'essence				
Laver la voiture				
Tondre la pelouse				
Amener les enfants au sport				
Amener les enfants chez le Dr				
Organiser les we, les vacances				
Faire les valises				
Total				

Signature des membres de la famille :

IL EST OÙ GÉGÈNE, IL EST OÙ ?

EXPRIMER LA COLÈRE

LES MOTS DOUX

(Écris le prénom de celui à qui tu veux écrire) : ....

JE T'ENVOIE DES MOTS DOUX :

Ce que j'aime chez toi, c'est ....

Ce que j'aime chez toi, c'est quand tu fais ....

Ce que j'aime faire avec toi, c'est ....

Ce que j'aimerais faire avec toi, c'est ....

Et aussi : ....

De la part de (écris ton prénom)

....

LES MOTS LAIDS

(Écris le prénom de celui à qui tu veux écrire) : ....

JE TE RENDS LES MOTS LAIDS QUE TU M'AS DITS :

....

Je ne les veux pas. NON MERCI !!!

JE TE RENDS LA VIOLENCE PHYSIQUE QUE TU M'AS FAITE (SANS TE LA FAIRE) QUAND TU M'AS :

tapé giflé mordu poussé menacé autre ....

Je ne veux pas la garder en moi. NON MERCI !!!

De la part de (écris ton prénom)

....

ÇA ROULE POUR TOI ?

Colorie en vert les rayons en fonction de ton degré de satisfaction, sachant que :

1 = Je suis très heureux.

2 = Parfois je suis heureux, parfois non.

3 = Je ne suis pas heureux.

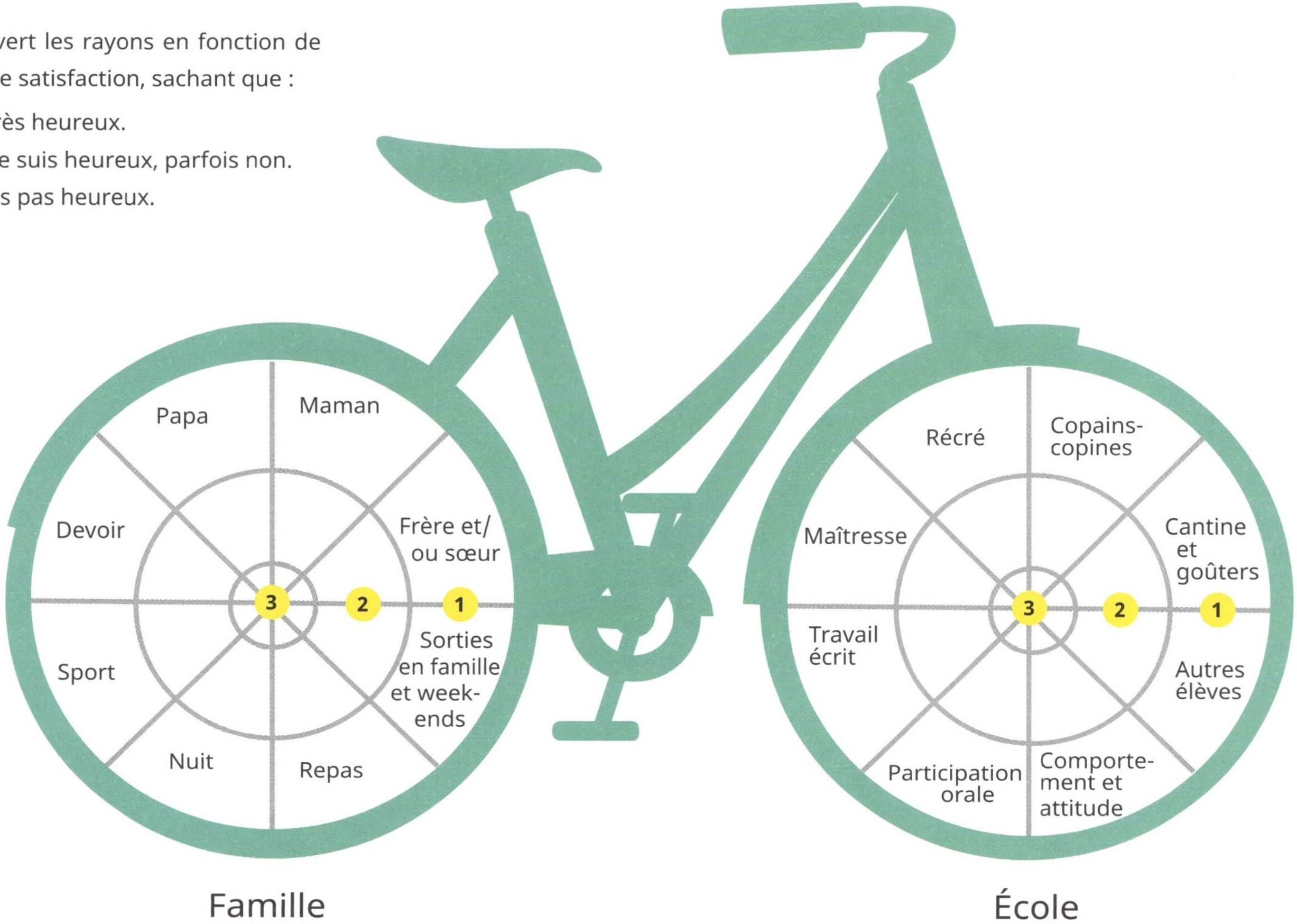

Impression & brochage SEPEC

N° d'imprimeur : 21682190505

Dépôt légal : juin 2019

Imprimé en France

IMPRIM'VERT®

PEFC™ 10-31-1470 / **Certifié PEFC** / Ce produit est issu de forêts gérées durablement et de sources contrôlées. / pefc-france.org